KB264062

김남국 목사의
창세기 파헤치기 4

앞서
보낸 자
요셉

김남국 목사의
창세기 파헤치기 4

앞서 보낸 자 요셉

지은이 | 김남국
초판 발행 | 2016. 12. 12
6쇄 발행 | 2025. 1. 3.
등록번호 | 제1988-000080호
등록된 곳 | 서울특별시 용산구 서빙고로65길 38
발행처 | 사단법인 두란노서원
영업부 | 2078-3352   FAX | 080-749-3705
출판부 | 2078-3331

책 값은 뒤표지에 있습니다.
ISBN 978-89-531-2719-7 04230
ISBN 978-89-531-2278-9 04230 (세트)

독자의 의견을 기나립니다.
tpress@duranno.com   www.duranno.com

김남국 목사의
창세기 파헤치기 4

앞서
보낸 자
요셉

두란노

삶의 맥락을 만들어라

인간은 하나님의 경륜 아래 있는 한 점에 불과한 존재입니다. 점들이 모여 선을 만들듯 인간은 대를 이어 인류의 역사를 만들었습니다. 하나님은 이스라엘 백성에게 "나는 네 조상의 하나님이니 아브라함의 하나님, 이삭의 하나님, 야곱의 하나님이니라"(출 3:6)라고 자신을 소개하셨습니다.

하나님은 시간을 초월하여 역사하시는 분이지만, 인간은 주어진 시간 안에서만 살 수 있는 유한한 존재입니다. 하나님은 한 '점'에 불과한 아브라함을 이삭과 야곱으로 대를 잇게 하여 이스라엘 역사라는 '선'을 그리셨습니다. 여기에 하나님의 주권적 섭리가 개입하여 하나님 나라의 '입체'가 나타납니다.

창세기는 바로 그 시작의 역사를 알려 주는 책입니다. 어디에서 왔는지 모르면 어디로 가야 할지도 모르는 법입니다. 지나간 것은 과거로 끝나지 않고 현재에 묶여 있기 때문입니다.

성경은 창세기 – 출애굽기 – 레위기 순으로 되어 있지만, 창세기가 쓰였던 당시로 돌아가면 이 순서가 바뀝니다. 출애굽기 – 창세기 – 레위기 순으로 기록된 것입니다. 모세와 이스라엘 백성은 출애굽을 먼저 경험하고 나서 시내 산에서 하나님께 말씀을 받았습니다. 그것을 기록한 것이 바로 창세기입니다.

성경은 인간의 구체적인 역사, 즉 시간과 공간 안에서 일하신 하나님의 구원 역사를 기록한 책입니다. 아브라함과 이삭과 야곱을 통해 일하신 하나님이 오늘을 살아가는 당신을 통해서도 여전히 일하고 계십니다. 하나님의 일하심을 보려면 인류 안에 역사하신 하나님의 역사를 봐야 합니다. 창세기를 보면 세상의 시작과 죄의 근원을 알 수 있습니다. 창세기를 이해해야 구원의 필요성을 깨닫고, 오늘을 살아가는 우리 삶의 방향을 잡을 수 있습니다.

창세기 1~11장은 먼저 세계의 창조와 인류의 시작에 관해 설명하면서 죄악의 나락으로 떨어진 인류의 운명에 대해서 알려 줍니다. 그리고 12~24장에서 하나님이 아브라함을 선택하신 이유를 설명합니다. 하나님은 죄로 가득한 끔찍한 세상을 버리지 않으셨습니다. 역사에 개입하여 직접 믿음의 역사를 이끌어 가심을 보여 줍니다. 또한 25~35장에 기록된 야곱의 삶을 통해서 우리는 하나님의 선택이 어떻게 이루어지고, 선택받은 자의 인생이 세상 사람의 인생과 어떻게 다른지를 봅니다. 즉 이스라엘의 선택이 한 나라에 국한된 것이 아닌 보다 큰 하나님 나라의 역사임을 알려 주고 있습니다.

요셉을 비롯한 야곱의 열두 아들의 이야기가 펼쳐지는 창세기 37~50장은 첫째, 하나님 나라를 위해 선택받은 자들이 어떤 삶을 살아가는지, 둘째, 그들 중 누가 우월한 위치에서 영적 주도권을 가져가는지, 셋째, 하나님이 그들을 통해 어떤 역사를 만들어 가시는지를 보여 줍니다. 인류 역사상 전무후무하게 하나님이 이스라엘 백성에게 베푸신 출애굽 사건은 어느 날 갑자기 일어난 일이 아닙니다. 하나님의 구원 역사는 아브라함과 약속하기 훨씬 전부터 인류에게 베푸신 하나님의 계획이었습니다.

하나님의 일하심을 온전히 알려면 지금까지 이끌어 오신 하나님의 역사를 봐야 하듯이 출애굽을 온전히 알려면 창세기를 봐야 합니다. 그렇지 않으면 출애굽은 이스라엘이라는 한 나라의 역사에 불과하게 됩니다. 과거를 온전히 알아야 현재를 제대로 이해할 수 있고, 그래야 미래를 볼 수 있습니다. 과거를 모르는 사람에게는 미래가 없습니다. 하나님이 함께해 오신 우리 역사 속에 현재의 답이 있고 미래가 있습니다.

신앙도 마찬가지입니다. 오늘의 나를 알려면 지나온 세월 속에서 자신을 바라봐야 합니다. 과거 없는 현재란 있을 수 없고, 현재 없는 미래도 있을 수 없습니다. 신앙은 하루 싸움입니다. 하루가 모여 삶이 되고, 그 삶이 개인의 역사가 됩니다. 사람마다 주어진 시간이 정해져 있으며 육체는 시공간의 벽을 넘지 못합니다. 그러나 영혼만큼은 시간과 공간에 매이지 않습니다. 이것이 성경을 읽어야 하는 이유입니다.

우리는 창세부터 시작된 하나님의 역사를 보고 앞으로 오실 하나님 나라를 소망해야 합니다. 비록 몸은 땅의 시간에 매여 있지만, 인간은 창세로부터 종말을 바라보는 존재이기 때문입니다. 오늘 나에게 주어진 하루가 하나님께 묶이면 역사가 됩니다. 아브라함이 그러했고, 야곱과 요셉이 그러했듯이 오늘날 우리 삶도 하나님과 계속 이어져 가는 역사이길 소망합니다.

2016년 12월

김남국

Contents

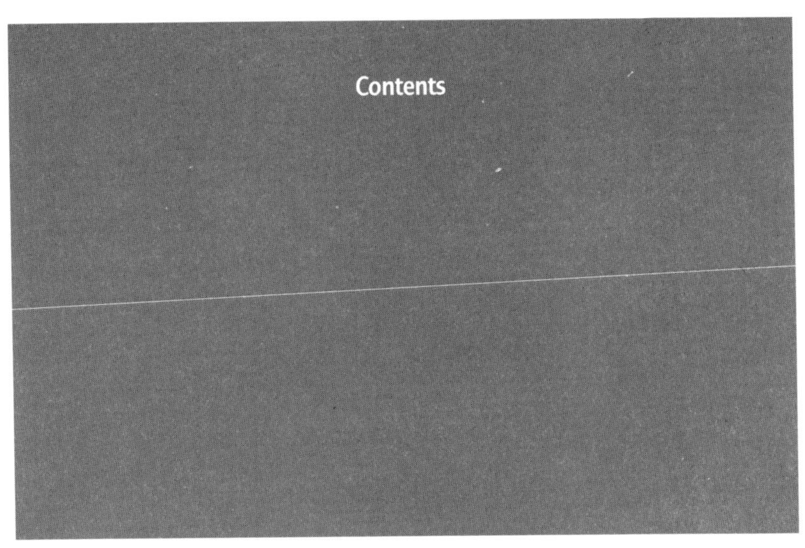

앞서 보내 뜻을 성취하신다

Part 3

하나님 앞에서 묵묵히 걸어가라

Chapter 5

내가 너와 함께 내려가겠다

Chapter 6

믿음에서 믿음으로 이어지다

꿈의 사람, 요셉에 대한 오해

야곱을 통해 구원의 선택이 완성되자 그 후손은 모두 구원을 보장받습니다. 르우벤이 큰 죄를 지었음에도 불구하고 구원을 빼앗기지 않은 것만 봐도 알 수 있습니다.

이제부터는 형제들 중에 누가 당대에 하나님의 사람으로서 주도권을 잡고 살아갈 것인가가 문제입니다. 17세 소년 요셉의 꿈을 통해 그 싸움이 시작됩니다. 결론부터 말하자면, 야곱의 열두 아들 중 요셉과 유다가 가장 우월한 위치에 서게 됩니다. 두 배의 몫을 받는 장자권은 요셉이, 예수님의 조상이 되는 치리권은 유다가 차지합니다.

야곱을 가리켜 성화의 상징이라고 합니다. 야곱은 인생에서 일어날 수 있는 모든 것을 겪었습니다. 부모의 엇갈린 편애를 받고, 형제와 싸우고, 결혼 첫날밤에 장인어른에게 사기를 당하는 등 파란만장한 인생을 살았습니다.

그런데 야곱의 아들 요셉은 영화의 상징이라고 합니다. 신학적으로 구원을 칭의라 하고, 신앙이 자라는 과정을 성화라 하며 완전히 천국에 들어가는 것을 영화라고 합니다. 칭의는 구원을 받을 때 나는 의롭지 않지만 예수 그리스도의 보혈에 힘입어 의롭다 함을 받는 것입니다.

성화는 야곱처럼 평생 좌충우돌하며 삶 속에서 하나님을 배우고 믿음이 자라나는 과정입니다. 영화는 죽어서 하나님 나라에 갈 때나 가능한 상태입니다. 이 땅에서는 영화가 이루어지지 않습니다. 오직 예수님 한 분만이 영화의 모습을 보여 주셨습니다. 그런데도 왜 요셉을 영화의 모델로 삼을까요?

요셉도 처음에는 철없는 아이에 불과했습니다. 17세 소년 요셉을 보면, 한마디로 재수가 없습니다. 모범생이지만 재수 없는 아이였습니다. 그 철부지 소년이 형들 손에 의해 인신매매를 당했습니다. 13년간 남의 나라에서 노예로, 억울한 죄수로 살았습니다. 기구한 인생입니다. 하나님의 크신 섭리로 애굽의 총리에 올랐지만, 젊어서 고생이 얼마나 심했던지 형제들보다 일찍 죽음을 맞이했습니다.

요셉을 영화의 모델로 꼽는 이유는, 그가 억울하게 모진 고생을 다 하고 괴로움을 겪었음에도 불구하고 하나님이 원하시는 삶의 모습에 가장 가까이 다가갔기 때문입니다. 자기 형제들을 품고 하나님의 큰 구원을 이루었기 때문입니다. 자기를 죽이려고 했던 형들을 품었기 때문에 야곱의 열두 아들이 다시 하나가 되었고, 애굽에서 이스라엘 민족이 되어 가나안 땅으로 돌아갈 수 있었습니다. 철부지 소년 요셉이 넉넉하고 명예로운 멋진 사람이 되었습니다.

신앙이란 예수님의 모습을 닮아 가는 것입니다. 신앙은 품는 것입니다. 하나님이 왜 요셉을 축복하신 줄 압니까? 왜 요셉에게 믿음을 주신 줄 압니까? 자기를 팔아넘긴 형제와 그 가족들을 구원하고, 나아가 인류를 구원하기 위해서입니다. 그들을 품을 만한 실력을 갖추려면 그만한 믿음과 은혜가 필요합니다.

요셉은 예수님의 큰 구원을 앞서 보여 준 사람입니다. 주님이 죄를 사랑으로 덮지 않으셨습니까? 그래서 요셉이 영화의 상징입니다. 이 땅에서 하나님의 마음에 가장 가까이 다가간 사람입니다. 더 나아가 요셉 한 사람 덕분에 애굽과 인류가 살아났습니다. "믿음의 사람이라면 이 정도면 좋겠다" 하고 이상형으로 그리는 모델이 바로 요셉입니다. 한마디로 하나님의 나라라는 목적지에 가장 가깝게 다가간 사람인 것입니다. 그리스도인의 완성체에 가까운 인물입니다.

사람들은 요셉을 '꿈꾸는 자, 꿈의 사람, 꿈꾸는 소년'으로 부릅니다. 그러나 이것은 오해입니다. 되레 요셉을 모독하는 말입니다. 왜냐하면 그를 꿈꾸는 자로 부른 사람은 그를 죽이려고 모의했던 형들이기 때문입니다.

꿈꾸는 자가 오는도다 창 37:19

형들이 철부지 소년 요셉의 꿈을 비아냥거리며 한 말입니다. 그들은 시기심에 차서 꿈이 계시하는 바를 인정하지 않고 요셉의 욕심으로 치부해 버렸습니다.

요셉은 평생 꿈을 두 번 꾸었습니다. 그것도 며칠 사이로 똑같은 주제의 꿈을 꾸었습니다. 야곱도 꿈을 두 번 꾸었습니다. 벧엘과 밧단아람에서. 야곱은 환상을 봤고, 천사와 씨름까지 했습니다. 그런데도 우리는 그를 꿈의 사람으로 부르지 않습니다.

우리가 요셉을 꿈의 사람으로 부르기 좋아하는 것은 사실 그가 애굽의 총리가 되었기 때문이 아닙니까? 그러나 요셉은 꿈꾸는 자가 아닙니다. 내가 꾸고 싶다고 꿈이 꾸어집니까, 아니면 꾸어져야 꿉니까? 꿈은 꾸어져야 꿀 수 있는 법입니다.

요셉이 꿈을 꾼 것은 그를 이끌어 가는 주권이 하나님께 있기 때문입니다. 하나님이 요셉을 끌어 가신 것입니다. 요셉이 대단해서가 아니라 하나님이 요셉에게 꿈을 주고 하나님이 만들어 가셨기 때문에 그의 꿈이 빛나는 것입니다.

하나님은 그를 '꿈꾸는 자, 꿈의 사람'이라고 부르신 적이 없습니다. 하나님은 그를 '앞서 보낸 자'라고 부르셨습니다. 애굽의 총리가 된 요셉이 22년 만에 만난 형들 앞에서 똑같이 고백합니다.

> 당신들이 나를 이곳에 팔았다고 해서 근심하지 마소서 한탄하지 마소서 하나님이 생명을 구원하시려고 나를 당신들보다 먼저 보내셨나이다 창 45:5

하나님은 생명을 구원하시려고 요셉을 먼저 보내셨습니다. 시편 기자도 요셉을 '앞서 보낸 자'로 노래합니다.

> 그가 한 사람을 앞서 보내셨음이여 요셉이 종으로 팔렸도다 시 105:17

하나님은 요셉을 앞서 보내 고난 속에 잘리고 쓸리고 쪼이고 갈리게 하셨습니다. 마침내 그는 아름답게 피어나 빛을 발한 하나님의 사람입니다. 하나님의 사람은 그냥 되지 않습니다. 깎이고 훈련되어서 만들어지는 것입니다. 그런데도 사람들은 그를 꿈의 사람으로 부릅니다. 그것은 그의 진정한 가치를 모르고 하는 소리입니다.

요셉을 보는 눈이 달라져야 합니다. 그는 용모가 준수했지만 앞보다 뒷모습이 더 아름다운 사람이었습니다. 형제들은 그가 걸어오는 모습을 보고 "꿈꾸는 자가 오는도다" 하고 비웃으며 그를 팔아넘겼지만, 그는 하나님에 의해 애굽으로 먼저 보내진 것입니다. 물론 요셉도 모르고 형제들도 모른 채 일이 벌어졌습니다. 형제들은 노예로 팔려 가는 그의 뒷모습을 바라봤을 것입니다. 그것은 하나님께 선택되어 앞서 보내심을 받은 자의 뒷모습이었습니다. 그때는 미처 몰랐지만, 그가 바로 훗날 가족뿐만 아니라 가문 전체를 품에 안을 자였습니다.

> 16 그가 또 그 땅에 기근이 들게 하사 그들이 의지하고 있는 양식을 다 끊으셨도다 17 그가 한 사람을 앞서 보내셨음이여 요셉이 종으로 팔렸도다 18 그의 발은 차꼬를 차고 그의 몸은 쇠사슬에 매였으니 19 곧 여호와의 말씀이 응할 때까지라 그의 말씀이 그를 단련하였도다 시 105:16~19

요셉은 꿈의 사람이 아니라 구원을 위해 선발대로 먼저 보냄을 받은 자입니다. 요셉은 꿈 때문에 끔찍한 고난을 당했습니다. 그러나 꿈으로 계시하신 하나님의 계획이 이루어질 때까지 묵묵히 성실하게 그 길을 가야 했습니다. 그랬기에 당대 모든 사람들에게 은혜를 끼칠 수 있었습니다. 요셉이야말로 축복의 통로였습니다.

Part 1

하나님은
인생을 통해
일하신다

chapter 1

아직은 쓸 만한
사람이 아니다

과연 요셉은
꿈꾸는 자인가?

¹ 야곱이 가나안 땅 곧 그의 아버지가 거류하던 땅에 거주하였으니 ^{2a} 야곱의 족보는 이러하니라 요셉이 십칠 세의 소년으로서
창 37:1~2a

야곱은 그의 아버지 이삭이 거류하던 땅에 거주했습니다. 아브라함의 하나님, 이삭의 하나님, 야곱의 하나님으로 이어지는 정통성을 부여받았다는 뜻입니다. 야곱의 족보는 17세 소년 요셉으로부터 시작합니다. 시작이 이상하지요?

일반적인 족보는 누가 누구를 낳고 죽었는지를 기록하지만, 성경의 족보는 그 시대에 가장 중요한 일을 기록하는 데 목적이 있습니다. 믿음의 첫 후손인 이삭에게 중요한 것은 아버지 아브라함에게서 물려받은 구원의 믿음을 누구에게 전승할 것인가였습니다. 그래서 이삭의 족보는 리브가의 임신으로부터 시작됩니다. 그가 쌍둥이를 가졌는데 하나님이 태중에서부터 야곱을 선택하셨다는 것이 이삭의 삶에서 가장 중요한 사건이기 때문입니다. 하나님은 가문의 위계나 개인의 능력을 보지 않고 주권적으로 선택하십니다. 야곱은 평생에 걸쳐 인간이 겪을 수 있는 온갖 일들을 겪으며 하나님의 사람으로 다듬어져 갔습니다.

야곱의 족보에서 중요한 것은 선택받은 자녀 중에 누가 우월한 위치에 서서 하나님 나라의 주도권을 갖느냐의 싸움입니다. 구원의 믿음을 계승하도록 선택된 야곱의 아들들은 이제부터 '누가 영광의 면류관을 차지할 것인가'의 문제로 싸우게 됩니다. 즉 장자권과 치리권을 누가 가질 것인가의 문제입니다. 요셉이 17세에 이르자 드디어 문제가 불거졌습니다.

요셉과 야곱

> 요셉이 십칠 세의 소년으로서 그의 형들과 함께 양을 칠 때에 그의 아버지의 아내들 빌하와 실바의 아들들과 더불어 함께 있었더니 그가 그들의 잘못을 아버지에게 말하더라 _{창 37:2b}

형들과 요셉의 갈등은 요셉의 고자질로 촉발되었습니다. 여기서 "잘못"이란 '도덕적으로 악하고, 실제로 해로운' 잘못을 뜻합니다. 형들이 실제로 치명적인 악행을 저질렀다는 의미입니다. 게다가 "말하더라"는 한 번이 아니라 여러 번 반복적으로 말했음을 뜻합니다. 형들이 계속해서 악한 짓을 한 것입니다.

야곱의 사랑을 독차지했던 요셉을 생각 없이 고자질이나 하는 철딱서니 없는 아이로 몰아서는 안 됩니다. 요셉에게는 한 가지 분명한 성품이 있는데, 바로 '정직함'입니다. 그는 매우 정직하고 올바른 성품의 소년이었습니다.

그가 보기에 형들이 하는 짓은 실수가 아니었습니다. 그들은 분명히 실제로 나쁜 의도를 가지고 악한 일을 행했습니다. 아버지의 양을 빼돌려 팔아서 술을 마시거나 도박을 했는지도 모릅니다. 만약에 형제가 교회 돈을 수차례 빼돌려 유용한 사실을 발견한다면 얼마나 괴롭겠습니까? 요셉에게뿐 아니라 하나님이 보시기에도 악한 짓이었을 것입니다.

요셉은 정직한 성품이라 못 견디는 것입니다.

<blockquote>요셉은 노년에 얻은 아들이므로 이스라엘이 여러 아들들보다 그를 더 사랑하므로 그를 위하여 채색옷을 지었더니 _{창 37:3}</blockquote>

야곱이 요셉에게 입힌 채색옷은 색동옷이 아니라 깨끗한 단색 옷입니다. 당시 고관이나 관리자들이 주로 입었습니다. 양치기의 아들이 입을 옷은 아니었지요. 야곱이 요셉을 얼마나 사랑했는지를 알 수 있습니다.

야곱은 일평생 라헬만을 사랑했던 남자입니다. 결혼 첫날밤을 지내고 나서 보니 라헬이 아니라 레아였습니다. 신부가 바뀐 것입니다. 야곱은 라헬을 얻기 위해 7년을 더 일해야 했습니다. 야곱의 입장에서는 정말 억울한 일입니다. 게다가 하나님이 레아에게만 자식을 주셨습니다. 라헬과 레아가 자식 낳기를 겨루느라 빌하와 실바를 첩으로 주니 졸지에 아내를 넷이나 거느리게 되었습니다. 그에게는 잠자리 권한도 없었습니다. 아마 집에 들어가기가 두려웠을 것입니다.

그가 가장 사랑한 아내 라헬이 늦게 낳은 아들이 요셉입니다. 그녀는 요셉을 낳은 후 아들 하나만 더 낳기를 구했는데, 안타깝게도 베냐민을 낳다가 죽었습니다. 사랑하는 아내가 죽었으니 야곱이 요셉을 얼

마나 애틋하게 여기며 사랑했겠습니까? 아마도 라헬을 향한 사랑까지
더해서 요셉을 아꼈을 것입니다.

요셉과 열 형제

그의 형들이 아버지가 형들보다 그를 더 사랑함을 보고 그를 미워
하여 그에게 편안하게 말할 수 없었더라 창 37:4

요셉과 베냐민을 제외한 열 형제는 동생 요셉에게 편안하게 말할 수
도 없는 지경이었습니다. '편안하다'는 히브리어로 '샬롬'인데 이스라
엘의 인사말이기도 합니다. 형제들이 요셉과 샬롬의 인사조차 나누기
불편한 사이였던 것입니다. 왜냐하면 요셉의 고자질과 아버지의 편애
로 마음이 불편했기 때문입니다. 관리자처럼 늘 깨끗한 옷을 입고, 형
들이 잘못할 때마다 고자질하는 요셉이 못마땅했겠지요.
이 구절을 통해 요셉과 형제들이 얼마나 자기중심적으로 살았는지
를 알 수 있습니다. 형제들은 자기 잘못은 돌아보지 않고 고자질한 요
셉만 탓하며 미워했습니다. 요셉도 자기 의에 빠져서 형제들의 잘못만
지적한 채 하나님이 붙여 주신 형제들은 못 보고 있었습니다. 자기중심
적인 사람은 자기가 보고 싶은 것만 보게 마련입니다. 요셉은 자신이
옳은 말을 했다고 믿었기에 그의 정직함이 형제들에게 얼마나 큰 상처
를 주었는지 보지 못했습니다. 어느덧 인사조차 나누기 힘든 사이가 되

었는데도 아무런 눈치를 채지 못했습니다. 그러다가 결정적인 일이 벌어졌습니다.

> 5 요셉이 꿈을 꾸고 자기 형들에게 말하매 그들이 그를 더욱 미워하였더라 6 요셉이 그들에게 이르되 청하건대 내가 꾼 꿈을 들으시오 7 우리가 밭에서 곡식 단을 묶더니 내 단은 일어서고 당신들의 단은 내 단을 둘러서서 절하더이다 창 37:5~7

요셉이 꿈을 꾸고 형들에게 말했습니다. "말하매"(5절)란 '선언하다'라는 뜻입니다. 자랑하듯이 말했다는 뜻입니다. 요셉의 곡식 단이 꼿꼿하게 일어서고 형제들의 단이 둘러서서 절했다고 말합니다. 여기서 '절하다'(7절)란 '스스로 굴복하다, 꿇어 엎드리다'라는 뜻입니다.

요셉에 대한 형들의 미움이 증폭된 사건입니다. 형들은 요셉에게 인사하는 것조차 싫어했는데, 요셉이 꿈속에서 그들 곡식 단이 자기 단에 절하더라고 자랑하듯 떠벌리니 얼마나 화가 치밀었겠습니까? 고대 근동에서 꿈은 신이 주는 계시의 하나로 여겨졌습니다. 요셉의 꿈을 계시로 보면, 그가 장차 형들의 왕이 될 것이라는 뜻입니다. 아버지의 사랑을 독차지하는 것도 화가 나는데, 신의 사랑까지 독차지하는 꿈을 꾼 것입니다. 형들은 그 꿈을 인정할 수 없었습니다.

> 그의 형들이 그에게 이르되 네가 참으로 우리의 왕이 되겠느냐 참으로 우리를 다스리게 되겠느냐 하고 그의 꿈과 그의 말로 말미암

아 그를 더욱 미워하더니 창 37:8

히브리어 원문을 보면, 그의 "말로 말미암아"란 '말투로 말미암아'라는 뉘앙스가 있습니다. 사람들은 대개 말의 내용보다는 말투 때문에 상처를 받습니다. 바른말이라도 말투 때문에 기분이 상할 수 있습니다.

사람은 옳은 말을 듣는다고 해서 변하지 않습니다. 오히려 너무 옳은 말을 하면 듣고 싶지 않습니다. 사람을 변화시키는 것은 말의 내용보다 말하는 태도입니다. 즉 어떤 마음으로 말하는가가 중요합니다.

하는 말마다 옳은데, 왠지 들을 때마다 화가 치미는 사람이 있습니다. 신경을 거슬리게 하는 말투를 고쳐 좀 더 겸손하게 말하면 좋을 텐데 정작 본인은 모르는 경우가 있습니다. 자기가 옳다고 생각하는 순간 말투가 변하기 때문입니다.

형들은 요셉의 꿈이 불편했습니다. 사실 그들을 정작 분노하게 한 것은 요셉의 말투였습니다. 아마도 그가 말할 때마다 때려 주고 싶었을 것입니다. 요셉은 정직하고 좋은 사람이었지만, 아직은 하나님이 쓰실 만한 사람은 아니었습니다. 하나님과의 관계가 바르면 말투까지도 하나님의 마음을 품게 됩니다.

9 요셉이 다시 꿈을 꾸고 그의 형들에게 말하여 이르되 내가 또 꿈을 꾼즉 해와 달과 열한 별이 내게 절하더이다 하니라 10 그가 그의 꿈을 아버지와 형들에게 말하매 아버지가 그를 꾸짖고 그에게 이르되 네가 꾼 꿈이 무엇이냐 나와 네 어머니와 네 형들이 참으로

가서 땅에 엎드려 네게 절하겠느냐 [11] 그의 형들은 시기하되 그의 아버지는 그 말을 간직해 두었더라 창 37:9~11

해와 달은 부모를 가리킵니다. 아버지가 요셉을 꾸짖는데, 고대 근동의 위계질서를 깨는 발언이기 때문입니다. 형들은 그 꿈의 의미를 알았습니다. 그래서 요셉을 더욱 미워했습니다. 17세 소년 요셉이 꾼 꿈은 형들에 의해 노예로 팔려 가는 결정적인 계기가 됩니다.

그런데 요셉은 자기 꿈을 이해조차 못했습니다. 꿈을 이해한 것은 오히려 형들과 아버지 야곱입니다. 형들은 그 꿈을 받아들일 수 없었습니다. 사랑받고 자란 17세 소년 요셉은 정직하고 자기 의는 있을지 모르지만 하나님도 모르고 사람도 모르는 철부지에 불과했습니다.

요셉의 꿈은 하나님이 주신 것입니다. 그것은 하나님이 요셉을 이끌어 가신다는 뜻입니다. 그러나 17세 소년 요셉은 아직 꿈에 걸맞은 사람이 아니었습니다.

만약에 요셉이 이 상태로 자라나 훗날 애굽의 총리가 된다면 어떤 일이 벌어질까요? 옳은 말을 하긴 하지만 형제를 마음에 품고 사랑하며 섬길 줄 모르는 사람을 총리로 세우면 어떻게 되겠습니까? 아마도 자기 의로 옳고 그름을 재단하여 다 쓸어버릴 것입니다.

부모와 교사의 차이가 무엇인 줄 압니까? 교사는 옳고 그름을 구분하여 가르칩니다. 그런데 부모는 가르치는 데서 끝내지 않습니다. 자녀를 올바로 세우기 위해 가슴에 품고 모든 것을 희생합니다. 부모니까 그렇습니다. 성도는 교사의 분별력과 부모의 마음을 모두 지녀야 합니다. 그렇지 않으면 올바른 말을 해도 듣는 이의 마음이 쉽게 움직이지 않습니다.

요셉과 형제들의 갈등은 단순히 고자질 때문이 아닙니다.

요셉은 옳고 반듯했지만 형들의 마음을 헤아리지 못했고, 하나님이 꿈을 주셨지만 그 꿈을 이해하지 못했습니다. 정직하지만 말을 했다 하면 주변 사람들에게 상처를 주는 요셉이었습니다.

하나님은 그런 미성숙한 요셉을 쓰실 수가 없었습니다. 꿈에 걸맞은 사람으로 자라도록 훈련시켜야만 하셨습니다.

요셉,

철저히 혼자가 되다

12 그의 형들이 세겜에 가서 아버지의 양 떼를 칠 때에 13 이스라엘이 요셉에게 이르되 네 형들이 세겜에서 양을 치지 아니하느냐 너를 그들에게로 보내리라 요셉이 아버지에게 대답하되 내가 그리하겠나이다 14a 이스라엘이 그에게 이르되 가서 네 형들과 양 떼가 다 잘 있는지를 보고 돌아와 내게 말하라 창 37:12~14a

야곱은 요셉에게 심부름을 시켰습니다. 세겜은 집에서 가까운 거리에 있는 곳이었습니다. 형들과 양 떼가 잘 있는지를 보고 오라는 것은 그들이 샬롬한지, 즉 평안한지 살펴보라는 뜻입니다.

야곱이 밧단아람에서 돌아올 때 세겜에서 10년 이상 머물렀기 때문에 아들들이 양 치러 간 곳이 안전하다는 것을 알고 있었습니다. 그래서 요셉을 심부름 보낸 것입니다. 그렇지 않으면 보내지 않았을 것입니다.

그러나 야곱이 요셉을 아무리 아끼고 보호해도 하나님의 섭리와 주권은 사람의 지혜 너머에 있습니다. 사람이 아무리 지키려고 해도 소용없을 때가 있습니다. 우리는 그저 하루를 사는 것 같지만, 그 안에 하나님의 섭리가 있습니다. 아버지의 심부름을 간 것뿐인데, 알고 보니 그것이 애굽으로 앞서 보내시는 길이었습니다. 그러나 하나님의 섭리를 알기까지는 22년의 세월이 흘러야 했습니다.

하나님의 훈련이 시작되다

14b 그를 헤브론 골짜기에서 보내니 그가 세겜으로 가니라 15 어떤 사람이 그를 만난즉 그가 들에서 방황하는지라 그 사람이 그에게 물어 이르되 네가 무엇을 찾느냐 16 그가 이르되 내가 내 형들을 찾으오니 청하건대 그들이 양치는 곳을 내게 가르쳐 주소서 17 그 사람이 이르되 그들이 여기서 떠났느니라 내가 그들의 말을 들으니 도단으로 가자 하더라 하니라 요셉이 그의 형들의 뒤를 따라 가서 도단에서 그들을 만나니라 창 37:14b~17

어떤 사람이 들에서 방황하는 그를 발견했습니다. 양을 치는 곳에서 혼자 채색옷을 입었으니 눈에 띄었을 것입니다. 도단은 세겜에서 20km 떨어진 곳입니다.

요셉은 포기할 줄을 모릅니다. 웬만한 사람은 이 정도 찾았으면 그 냥 집으로 돌아갔을 것입니다. 들에서 형들을 찾아다녔지만 못 만났다 고 아버지에게 말하면 그만일 텐데, 성실하고 정직한 요셉은 끝까지 찾 습니다. 정말 좋은 성품입니다. 이 성품 때문에 쓰임 받고, 이 성품 때 문에 연단을 받으니 아이러니합니다. 하나님은 요셉을 더 큰 그릇으로 만들기 위해 그를 훈련 과정에 넣으십니다.

> 18 요셉이 그들에게 가까이 오기 전에 그들이 요셉을 멀리서 보고 죽이기를 꾀하여 19 서로 이르되 꿈꾸는 자가 오는도다 20 자, 그를 죽여 한 구덩이에 던지고 우리가 말하기를 악한 짐승이 그를 잡아 먹었다 하자 그의 꿈이 어떻게 되는지를 우리가 볼 것이니라 하는 지라 창 37:18~20

그러나 형들은 요셉이 다가오는 것을 멀리서 보고 나쁜 마음을 품었 습니다. 요셉을 죽일 절호의 기회를 만난 것입니다. "꿈꾸는 자가 오는도 다"(19절)를 직역하면 '보라, 꿈들의 주인이 저쪽에 있다'입니다.

형들은 요셉이 그들의 머리가 되리라는 암시를 주는 그 꿈을 인정하 기 싫었습니다. 그 꿈을 인정하는 순간, 요셉은 하나님이 선택하신 자 가 되고 그들은 평생 요셉을 주로 섬겨야 하기 때문입니다. 그래서 '저 놈이 꿈의 주인이야. 어디, 네 꿈대로 되나 보자' 하고 죽일 작정을 합니다. 하나님이 주신 꿈이 아니라 아버지의 사랑을 독차지한 욕심쟁이 요셉이 자기 소원을 꿈으로 꾸었다고 몰아간 것입니다.

그만큼 형들은 요셉의 꿈이 지닌 중요성을 알고 있었습니다. 그러나 그들은 꿈의 내용에만 집중했을 뿐 하나님을 잊고 있었습니다. 인간의 욕심이 하나님의 섭리를 막을 수는 없습니다. 만약에 요셉이 욕심으로 꾼 꿈이라면 그냥 사라질 테고, 하나님이 주신 꿈이라면 반드시 이루어질 텐데, 형제들은 그들이 얼마나 큰 죄를 짓는지를 미처 몰랐습니다.

> 21 르우벤이 듣고 요셉을 그들의 손에서 구원하려 하여 이르되 우리가 그의 생명은 해치지 말자 22 르우벤이 또 그들에게 이르되 피를 흘리지 말라 그를 광야 그 구덩이에 던지고 손을 그에게 대지 말라 하니 이는 그가 요셉을 그들의 손에서 구출하여 그의 아버지에게로 돌려보내려 함이었더라 창 37:21~22

르우벤이 "해치지 말자, 피를 흘리지 말라, 손을 그에게 대지 말라"고 반복하여 말합니다. 히브리어의 금지 명령은 영원한 금지와 일시적 금지 두 가지가 있는데, 여기서 르우벤은 일시적 금지의 뜻으로 말했습니다. 맏형 르우벤은 요셉을 죽이는 것은 일단 아니라고 생각해서 말렸습니다.

> 23 요셉이 형들에게 이르매 그의 형들이 요셉의 옷 곧 그가 입은 채색옷을 벗기고 24 그를 잡아 구덩이에 던지니 그 구덩이는 빈

것이라 그 속에 물이 없었더라 ²⁵ 그들이 앉아 음식을 먹다가 눈을 들어 본즉 한 무리의 이스마엘 사람들이 길르앗에서 오는데 그 낙타들에 향품과 유향과 몰약을 싣고 애굽으로 내려가는지라

창 37:23~25

그들은 요셉의 채색옷을 벗긴 채 구덩이에 던져 넣었습니다. 직역하면, '쓰레기 버리듯이 내버렸다'는 뜻입니다. 형들이 요셉을 얼마나 미워했던지 요셉을 던져 넣은 구덩이 옆에서 "앉아 음식을 먹다가" 한 무리의 이스마엘 사람들을 발견합니다.

성경에서 우물과 샘물은 구별되어 사용됩니다. 밑에서 물이 솟아오르는 것을 샘물이라고 하고, 우기에 물을 저장하기 위한 구덩이를 우물이라고 합니다. 우리나라 우물처럼 지하수가 솟지 않기 때문에 건기가 되면 말라서 빈 구덩이가 됩니다. 요셉은 건기의 마른 구덩이에 던져졌습니다.

요셉이 얼마나 울부짖었겠습니까? 형들이 별안간 죽일 듯이 달려들어 그의 옷을 찢고 우물에 던져 버렸습니다. 형들이 자기를 진짜로 죽이려고 합니다. 야곱의 사랑 속에 눈치 없이 자란 그에게 인생 처음으로 큰 고통과 충격이 한꺼번에 덮친 것입니다.

그런데도 열 형제는 동생을 던져 넣은 구덩이 옆에서 음식을 먹었습니다. 도대체 음식이 입으로 넘어갈 수 있습니까? 사람은 너무 힘든 일을 겪으면 "속상하다"고 말합니다. 속이 상하면 음식이 안 들어가게 마련입니다. 그런데 그들은 아무렇지도 않게 음식을 먹었습니다. 그만큼

형들의 마음속에 요셉의 존재가 없었다는 뜻입니다. 요셉의 존재를 지워 버릴 만큼 미워했던 것입니다. 나중에 형들은 요셉이 애걸할 때 그 괴로움을 보고 듣고도 외면했다고 고백합니다(창 42:21).

요셉은 형들의 분노가 이토록 깊은 줄은 꿈에도 몰랐을 것입니다. 사실 그는 사심이 없었습니다. 만일 있었다면 형들에게 꿈 이야기를 하지 않았을 것입니다. 자기가 왕이 될 때까지 형들에게 들키면 곤란하니까 말입니다.

그는 오히려 자신의 꿈이 터무니없다고 생각했을 것입니다. 그래서 형들에게 거리낌 없이 얘기할 수 있었고, 형들을 찾아 세겜에서 도단까지 기꺼이 갈 수 있었습니다. 정직하고 순수하고 착하긴 한데 형들이 얼마나 상처를 받는지는 몰랐습니다. 형들이 자기를 죽이고 싶을 만큼 미워하는데도 눈치 채지 못할 만큼 타인의 감정을 감지할 실력이 없었습니다.

> 26 유다가 자기 형제에게 이르되 우리가 우리 동생을 죽이고 그의 피를 덮어둔들 무엇이 유익할까 27 자 그를 이스마엘 사람들에게 팔고 그에게 우리 손을 대지 말자 그는 우리의 동생이요 우리의 혈육이니라 하매 그의 형제들이 청종하였더라 창 37:26~27

형제들은 르우벤의 말보다 유다의 말을 청종합니다. 르우벤이 요셉을 살리려고 할 때는 귀담아듣지 않던 형제들이 유다가 요셉을 죽이지 말고 팔자고 하니 귀를 기울입니다. 르우벤이 나름대로 열심히 하지만,

결정적인 일마다 유다의 말대로 진행됩니다. 성경이 르우벤보다 유다를 드러내고 있는 것입니다.

> 그때에 미디안 사람 상인들이 지나가고 있는지라 형들이 요셉을 구덩이에서 끌어올리고 은 이십에 그를 이스마엘 사람들에게 팔매 그 상인들이 요셉을 데리고 애굽으로 갔더라 창 37:28

그들은 "은 이십"에 요셉을 노예로 팔아넘겼습니다. 당시 노예로 팔린다는 것은 곧 '죽음'을 의미했습니다.

출애굽 때 모세는 여호와께 드리는 서원의 값으로 남자는 5세부터 20세까지 20세겔, 여자는 10세겔로 정한 바 있습니다(레 27:5). 요셉을 은 이십에 팔았다는 것은 노예 값을 받고 형들이 인신매매했다는 뜻입니다.

> 29 르우벤이 돌아와 구덩이에 이르러 본즉 거기 요셉이 없는지라 옷을 찢고 30 아우들에게로 되돌아와서 이르되 아이가 없도다 나는 어디로 갈까 창 37:29~30

결정적인 순간에 르우벤은 어디에 다녀왔을까요? 그의 말에는 권위가 없습니다. 형제들 사이에서 권위를 상실한 것입니다. 이 점에서 르우벤과 유다가 대조적입니다.

르우벤은 물이 끓듯 감정적인 사람이었습니다. 그래서 끓는 감정으

로 아버지 야곱의 첩 빌하와 간통까지 한 것입니다. 결국 그는 장자로
서의 권위를 잃었습니다. 영적인 힘과 권위가 르우벤을 떠난 것입니다.
감정적인 사람은 권위를 잃기 쉽습니다. 그러니 하나님의 은혜로 자신
을 다스리는 법을 배워야 합니다.

31 그들이 요셉의 옷을 가져다가 숫염소를 죽여 그 옷을 피에 적시
고 32 그의 채색옷을 보내어 그의 아버지에게로 가지고 가서 이르
기를 우리가 이것을 발견하였으니 아버지 아들의 옷인가 보소서
하매 33 아버지가 그것을 알아보고 이르되 내 아들의 옷이라 악한
짐승이 그를 잡아먹었도다 요셉이 분명히 찢겼도다 하고 34 자기
옷을 찢고 굵은 베로 허리를 묶고 오래도록 그의 아들을 위하여 애
통하니 35 그의 모든 자녀가 위로하되 그가 그 위로를 받지 아니하
여 이르되 내가 슬퍼하며 스올로 내려가 아들에게로 가리라 하고
그의 아버지가 그를 위하여 울었더라 창 37:31~35

열 형제가 염소 피를 채색옷에 묻혀 아버지 야곱을 속입니다. 비보
를 접한 야곱이 펑펑 우는 모습을 형제들이 지켜봤습니다.

야곱이 장자의 축복을 얻기 위해 아버지 이삭을 속일 때, 털이 많은
에서로 보이기 위해 염소 새끼의 가죽을 손과 목에 입힌 적이 있습니

다(창 27:16). 그런데 이번에는 그의 아들들이 염소 피로 그를 속입니다. 뿌린 대로 거둔 것이지요.

야곱은 성화의 상징으로 불릴 만큼 산전수전을 다 겪은 사람인데, 아들 요셉을 잃고 나서는 정신 나간 사람처럼 울었습니다. 형제들은 비로소 자신들이 무슨 죄를 저질렀는지 깨달았습니다. 하루하루 죽지 못해 사는 아버지의 모습을 지켜봐야 했습니다.

《탈무드》에 똑똑한 사람과 현명한 사람에 대한 이야기가 나옵니다. 똑똑한 사람은 구덩이에 빠지면 어떻게 해서든 잘 헤쳐 나온다고 합니다. 그런데 현명한 사람은 구덩이를 보면 미리 피해서 지나간다고 하지요.

슬퍼하는 아버지를 보고서야 형들은 깨달았습니다. 요셉은 자기밖에 못 봤고, 형들은 요셉밖에 못 본 탓입니다. 문제 가정의 특징입니다. 가장 큰 문제는 모두가 하나님을 놓치고 살았다는 것입니다. 그럼으로써 가정에 끔찍한 불행이 닥쳤습니다.

하나님을 바라봐야 합니다. 남편을 볼 게 아니라 남편을 내게 붙여 주신 하나님을 바라봐야 합니다. 아내를 내게 붙여 주신 하나님을 바라봐야 합니다. 그러면 해석이 달라지고, 기다리는 마음이 생깁니다. 그러나 하나님을 놓치면 그러한 마음은 사라집니다.

요셉을 시기한 형들은 그만 사라지면 문제없을 것으로 생각했을 것입니다. 그런데 웃음을 잃은 아버지 야곱의 슬픔을 보며 평생 살게 되었습니다. 거짓말을 한 죄책감을 안고 22년을 보내야 했습니다.

문제밖에 안 보일 때는 그것만 해결하면 만사가 편할 것 같은데, 착각입니다. 문제를 문제로 여기지 마십시오. 문제를 더 큰 문제로 만드는 나 자신이 문제입니다. 그러니 문제에 집착하지 말고, 그 속에서 일하시는 하나님을 바라보기 바랍니다.

> 그 미디안 사람들은 그를 애굽에서 바로의 신하 친위대장 보디발에게 팔았더라 창 37:36

앞서 형들이 요셉을 "한 무리의 이스마엘 사람들"에게 팔았다고 했는데(25절), 여기서는 미디안 사람들이 애굽의 보디발에게 요셉을 팔았다고 합니다.

출애굽 당시 미디안 지역 사람들을 이스마엘 사람들이라 불렀습니다. 이스마엘 족속 중에 미디안이라는 구체적인 족속이 요셉을 팔았다는 얘기입니다. 이야기를 더욱 구체화한 것입니다.

이스라엘을 큰 민족으로 만들기 위한 하나님의 섭리 가운데 벌어진 일이지만, 애굽으로 내려가는 방법은 요셉이 자처한 것이라고 할 수 있습니다. 요셉은 성실하고 정직하여 자기 의가 많은데, 다른 사람의 마음을 헤아릴 줄은 모르는 무디고 무심한 사람이었습니다. 게다가 하나님이 주신 꿈을 제대로 이해하지 못했고, 떠벌리듯 말하는 경솔한 성격이었습니다.

요셉이 팔려 가는 것은 그의 문제 때문이었습니다. 이것을 잘못 이해해서는 안 됩니다. 문제가 있으면 요셉처럼 엄청난 대가를 치러야 한다는 뜻이 아닙니다. 요셉은 어차피 애굽으로 앞서 보내지도록 선택받은 사람이었습니다. 요셉의 문제라는 것은 하나님이 사명을 맡기시기에는 아직 한참 부족한 사람이었다는 뜻입니다. 형들보다 요셉이 더 훌륭하긴 하지만 하나님이 그를 통해 일하시기에는 아직 부족했습니다.

우리는 구원받은 성도이지만, 사는 내내 훈련받을 만한 일을 많이 만들 것입니다. 그러니 조심하여 말하고 자기 마음을 잘 살피십시오. 하나님께서 사용하실 만한 훌륭한 사람을 만들기 위해서 필요할 때마다 불 가운데 넣고, 물 가운데 넣으실 것입니다. 그래도 안 변한다면 다시 넣으시겠지요.

신앙생활에서 자기점검이 1순위입니다. 올바른 신앙을 가지려면 자신부터 살펴야 합니다. 그리고 하나님의 은혜로 서로의 잘못을 덮어 줄 줄 알아야 합니다. 하나님이 한 시대로 묶어 주셨으니 성도들만큼은 서로가 서로를 위하고, 덮어 주고, 함께해야 합니다.

우리는 하나님이 요셉을 어떻게 만져 가시는지를 주목해서 봐야 합니다. 요셉은 애굽에 팔려 감으로써 가족들로부터 잘려 나가 철저히 혼자가 됩니다.

유다,
치리권에 어울리는 자로 만들어 가시다

1 그 후에 유다가 자기 형제들로부터 떠나 내려가서 아둘람 사람 히라와 가까이하니라 2 유다가 거기서 가나안 사람 수아라 하는 자의 딸을 보고 그를 데리고 동침하니 3 그가 임신하여 아들을 낳

으매 유다가 그의 이름을 엘이라 하니라 4 그가 다시 임신하여 아들을 낳고 그의 이름을 오난이라 하고 5 그가 또다시 아들을 낳고 그의 이름을 셀라라 하니라 그가 셀라를 낳을 때에 유다는 거십에 있었더라 창 38:1~5

"그 후에"(1절), 즉 요셉을 넘긴 후입니다. 유다는 형제들에게서 떠나 생활했습니다. 그러더니 가나안 족속의 딸과 결혼했습니다. 동침하여 엘, 오난, 셀라 세 아들을 낳았습니다. 엘은 '깨다, 일어서다'란 뜻에서 유래되었고, 오난은 '힘, 능력, 강함'이란 뜻이며, 셀라는 '기도, 평화'라는 뜻입니다.

요셉을 애굽에 팔아넘긴 사건은 형제들에게 상처로 남았을 것입니다. 아버지 야곱의 슬픔을 보면서 형제들 사이도 불편해졌을 것입니다. 정확한 이유는 알려지지 않았지만, 유다가 형제들을 떠난 것은 분명합니다. 그가 형제들에게서 떠났다는 것은 신앙 공동체를 떠났다는 뜻입니다. 신앙 공동체를 떠난 유다의 영적 상태가 결혼을 통해 드러납니다.

성경에서 결혼은 가치관을 드러내는 일입니다. 평생을 함께할 사람이기에 가치관을 공유하는 것이 매우 중요합니다. 창세기 6장은 인류가 타락하여 하나님의 아들들이 사람의 딸들의 아름다움을 보고 아내로 삼았다고 말합니다. 유다가 가나안 족속의 딸과 결혼한 것은 그의 영적 상태가 완전히 바닥을 쳤음을 보여 줍니다.

아브라함은 이삭이 이방 민족의 딸과 결혼하지 않도록 고향에서 리브가를 데려와 결혼하게 했습니다. 이삭의 아들 야곱도 거기서 라헬과 아내들을 데려왔습니다. 이게 보통 일입니까? 하란과 가나안은 800km 거리입니다. 리브가와 라헬을 찾아 800km를 오갔습니다. 유다의 할아버지와 아버지가 다 그렇게 결혼했습니다. 그런데 그는 자기 형제들에게서 떨어져 지내며 가나안 사람의 딸과 결혼한 것입니다.

만약 교회에서 싸움이 나서 누군가가 "나는 교회를 떠날 거야" 하고 가 버린다면 단순히 자리만 다른 데로 옮긴 것일까요? 아닙니다. 시간과 공간을 창조하신 하나님은 시공간을 초월하시지만, 인간은 시간과 공간의 제약을 받을 수밖에 없습니다. 사람은 그가 머무는 자리의 영향을 받게 마련입니다. 거룩해지려면 거룩한 영향력이 흐르는 곳에 있어야 합니다. 타락한 사람들은 꼭 타락하는 자리에 있습니다. 어떤 사람과 함께 있느냐, 어떤 자리에 있느냐에 따라 사람이 만들어집니다.

> 6 유다가 장자 엘을 위하여 아내를 데려오니 그의 이름은 다말이더라 7 유다의 장자 엘이 여호와가 보시기에 악하므로 여호와께서 그를 죽이신지라 8 유다가 오난에게 이르되 네 형수에게로 들어가서 남편의 아우 된 본분을 행하여 네 형을 위하여 씨가 있게 하라 9 오난이 그 씨가 자기 것이 되지 않을 줄 알므로 형수에게 들어갔을 때에 그의 형에게 씨를 주지 아니하려고 땅에 설정하매 10 그 일이 여호와가 보시기에 악하므로 여호와께서 그도 죽이시니 _창 38:6~10_

유다의 장자 엘이 무슨 짓을 했는지는 알 수 없지만, 악행을 저질러 하나님께 죽임을 당했습니다. 죽은 형 엘을 대신하여 오난이 형수에게 들어갔으나 씨를 주지 않으려고 땅에 '설정하였다'고 하는데, 이것은 '파괴하다, 멸하다'라는 뜻으로 생명이 멸해진 것을 의미합니다.

이스라엘에서는 형이 죽으면 동생이 형수에게 들어가 아이를 낳도록 하였습니다. 메시아가 오실 때까지 가문이 이어져야 하기 때문입니다. 만일 대가 끊기면, 곧 그 가문은 하나님 나라에서 끊어진다고 생각했습니다. 한 사람의 이름은 후손을 통해 이어져 내려간다고 믿었기 때문입니다. 그러므로 하나님이 기억하시는 이름이 되기 위해서는 가문이 이어져야 했습니다.

오난의 도움으로 다말이 아기를 낳으면 오난이 아닌 엘의 자녀가 됩니다. 만약 아들을 낳으면 엘이 남긴 재산은 고스란히 그 아들의 몫이 되지만, 형수가 아이를 낳지 못하면 엘의 재산도 오난의 것이 될 것입니다. 그래서 오난은 나쁜 마음을 품고 땅에 설정해 버렸습니다. 형의 가문을 파괴해 버린 것입니다. 이것은 하나님이 보시기에 악한 짓이었습니다. 형 엘의 이름이 기억되도록 대를 이어 줘야 하는데 일부러 끊어 버렸으니 말입니다. 결국 오난은 죽습니다.

유다가 그의 며느리 다말에게 이르되 수절하고 네 아버지 집에 있어 내 아들 셀라가 장성하기를 기다리라 하니 셀라도 그 형들같이 죽을까 염려함이라 다말이 가서 그의 아버지 집에 있으니라 창 38:11

오난마저 죽게 되자 유다는 막내아들 셀라가 어리다는 핑계로 다말을 친정집으로 보내 수절하게 했습니다. 그러나 실은 샤머니즘에서 비롯된 생각이었습니다.

유다는 두 아들이 죽자 며느리 다말을 남편을 잡아먹는 귀신 씌인 여자로 여겼습니다. 하나님 앞에서 엘과 오난의 잘못을 분별하지는 못하고 오히려 다말을 께름칙하게 여겼습니다. 그의 영적 분별력이 얼마나 떨어졌는지를 여실히 보여 줍니다.

영적으로 바닥을 치면 샤머니즘에 빠지게 마련입니다. 인간은 하나님을 떠나면 본성으로 돌아갑니다. 사탄은 바닥을 칠 때를 노립니다. 사탄은 헛된 생각 속에 활개를 치지만 하나님은 말씀을 통해 역사하십니다.

사람은 보고 듣고 경험하는 것을 통해 배우며 자라납니다. 하나님을 배우려면 하나님을 보고 듣고 경험하는 곳에 있어야 합니다. 그런데 유다는 형제들을 떠나서 가나안 여인과 살았고, 그의 자녀들은 세상을 보고 듣고 경험하면서 자라더니 결국 끔찍한 죄로 죽고 말았습니다. 유다마저 분별력을 잃었으니 더 큰 문제입니다.

> 얼마 후에 유다의 아내 수아의 딸이 죽은지라 유다가 위로를 받은 후에 그의 친구 아둘람 사람 히라와 함께 딤나로 올라가서 자기의 양털 깎는 자에게 이르렀더니 창 38:12

"위로를 받은 후"란 애도 기간이 끝났음을 의미합니다. 애굽의 총리 요셉처럼 유명한 사람은 30일에서 70일까지 애도 기간을 가지지만, 보통 사람은 대개 7일장을 치렀습니다.

> 어떤 사람이 다말에게 말하되 네 시아버지가 자기의 양털을 깎으려고 딤나에 올라왔다 한지라 창 38:13

"어떤 사람"이 다말에게 말해 줘서 역사가 일어납니다. '어떤 사람'은 누구일까요? 도대체 누구인데 그가 다말과 유다의 인생을 바꿔 놓았을까요?

나는 성경을 읽으면서 처음에는 아브라함, 모세, 다윗과 같은 유명한 자들의 삶을 배우려고 했습니다. 지나고 나서 보니, 그들만큼 유명한 사람이 되고 싶은 욕심이 있었던 것 같습니다. 하나님께 순종하며 영광 돌리는 삶으로 포장했기 때문에 나 자신도 진심이라고 착각했던 것입니다.

성경을 깊이 읽기 시작하자 다윗에 가려진 요나단, 예수님을 드러내고 일찌감치 스러져 간 세례 요한 같은 이들의 삶이 보였습니다. 최고가 되지 않더라도 묵묵히 자신의 역할을 감당하는 신앙인의 삶이 아름답게 보였습니다.

어느덧 성경에 이름조차 기록되지 않은 스쳐 지나가는 '어떤 사람'이 궁금해졌습니다. 드라마로 치면 '지나가는 사람 2' 정도나 될까요? 길을 지나가다 다말에게 "네 시아버지가 양털 깎으러 가더라"라는 한마디 대사를 건네고 사라지는 배역입니다. 다말에게 유다가 양털을 깎으러 간다고 전해 준 이 '어떤 사람' 덕분에 하나님 나라의 드라마가 쓰일 수 있었습니다. 예수님께로 족보가 이어지는 역사가 쓰인 것입니다.

아마도 그는 평소에 다말을 불쌍히 여겼을 것입니다. 시아버지 유다의 도움 없이는 딱한 처지에서 벗어날 방법이 없는 다말의 사정을 알고 있던 사람입니다. 남편은 죽고 소망 없이 친정집에 있던 다말을 보며 안타깝게 생각한 것입니다. 그런 가운데 유다가 양털 깎으러 가는 것을 알았습니다. 불쌍한 처지에 있는 다말을 기억하고, 그녀를 돕기 위해 유다의 소식을 전해 주었습니다.

나는 그에게서 그리스도인의 모습을 봅니다. '복음'이란 '좋은 소식'이란 뜻인데, 이 '어떤 사람'이야말로 '좋은 소식'을 전해 준 복된 자 아닙니까? 우리도 이다음에 천국에 가면 우리 인생의 '어떤 사람'들 덕분에 살아온 것을 깨닫게 될 것입니다. 천국에서 아브라함, 모세, 다윗을 만나길 기대하지만, 한편으로 성경 속에 숨은 수많은 '어떤 사람'들을 만나 보고 싶습니다.

이름도 없이 빛도 없이 살게 되더라도 누군가에게 도움을 주는 '어떤 사람'이 되기를 바랍니다. 주변에 힘든 사람을 기억하고 돕는 어떤 사람들이 많아졌으면 좋겠습니다.

내 인생에도 어려울 때 나를 찾아와 준 '어떤 사람'이 있었습니다. 고2 때 주님을 영접하고, 고3 때 집안이 망해서 냉골에서 20대를 시작했습니다. 악에 받쳐 살던 그때에 어떤 사람을 만났습니다. 그는 당시 청년부 선배였는데, 그가 해준 한마디에서 버틸 힘을 얻었습니다.

"남국아, 너 자신을 위해 참아."

다른 사람이 아닌 나 자신을 위해 참으라고 충고해 주었습니다. 남을 위해 참아야 한다는 생각에 너무 억울해서 "하나님, 왜 나만 참으라고 하세요?" 하며 울던 때에 누구도 아닌 나 자신을 위해서 참으라고 말해 준 것입니다. 덕분에 참을 힘을 얻었습니다. 그가 바로 내 인생의 '어떤 사람'입니다.

우리는 서로에게 알게 모르게 어떤 사람이 되곤 합니다. "그 사람을 만나서 내 인생 망쳤어" 하고 말하게끔 하는 사람도 있을 테죠. 각자가 다른 사람의 인생길을 밝게 비추는 빛과 같은 사람이 되기를 바랍니다.

14 그가 그 과부의 의복을 벗고 너울로 얼굴을 가리고 몸을 휩싸고 딤나 길 곁 에나임 문에 앉으니 이는 셀라가 장성함을 보았어도 자기를 그의 아내로 주지 않음으로 말미암음이라 15 그가 얼굴을 가리었으므로 유다가 그를 보고 창녀로 여겨 16 길 곁으로 그에게 나아가 이르되 청하건대 나로 네게 들어가게 하라 하니 그의 며느리인 줄을 알지 못하였음이라 그가 이르되 당신이 무엇을 주고 내게 들어오려느냐 17 유다가 이르되 내가 내 떼에서 염소 새끼를 주리라 그가 이르되 당신이 그것을 줄 때까지 담보물을 주겠느냐 18 유다가 이르되 무슨 담보물을 네게 주랴 그가 이르되 당신의 도장과 그 끈과 당신의 손에 있는 지팡이로 하라 유다가 그것들을 그에게 주고 그에게로 들어갔더니 그가 유다로 말미암아 임신하였더라

창 38:14~18

"의복을 벗고, 얼굴을 가리고, 몸을 휩싸고, 문에 앉으니." 다말이 일
련의 행동을 신속하게 합니다. 당시에는 너울로 몸을 가리고 앉아 있으
면 창녀라는 표시였습니다. 그녀를 창녀로 오인한 유다에게 다말이 도
장과 끈과 지팡이를 담보물로 요구했습니다.

히브리인에게 도장은 애굽 왕의 인장 반지와도 같은 것이고, 지팡이
는 부족을 상징하는 일종의 신분증이었습니다. 즉 유다를 상징하고 증
명하는 물건들이었습니다. 길에서 만난 여인에게 인장 반지와 지팡이
를 어떻게 맡길 수가 있단 말입니까? 인감도장이나 공인인증서를 하룻
밤 잔 여자한테 맡긴 꼴입니다.

더욱이 하나님을 아는 유다가 창녀와 자서는 안 되었습니다. 유다가
양털 깎으러 간다는 말을 듣자마자 다말이 신속하게 창녀로 분장하고
속인 것은 그녀가 유다의 평소 삶을 아주 잘 알고 있었다는 뜻입니다.
그가 얼마나 허망하게 살고 있었는지를 보여 줍니다.

> 20 유다가 그 친구 아둘람 사람의 손에 부탁하여 염소 새끼를 보내
> 고 그 여인의 손에서 담보물을 찾으려 하였으나 그가 그 여인을 찾
> 지 못한지라 21 그가 그곳 사람에게 물어 이르되 길 곁 에나임에 있
> 던 창녀가 어디 있느냐 그들이 이르되 여기는 창녀가 없느니라 22 그
> 가 유다에게로 돌아와 이르되 내가 그를 찾지 못하였고 그곳 사람도
> 이르기를 거기에는 창녀가 없다 하더이다 하더라 23 유다가 이르되
> 그로 그것을 가지게 두라 우리가 부끄러움을 당할까 하노라 내가 이
> 염소 새끼를 보냈으나 그대가 그를 찾지 못하였느니라 창 38:20~23

15절의 창녀와 22절의 창녀는 서로 다릅니다. 전자는 몸을 파는 창녀이고, 후자는 성전의 창녀입니다. 가나안 족속들은 종교의식을 행할 때 다산을 기원한다는 명목으로 음란한 춤을 추고 아스다롯 신상 앞에서 성행위를 하곤 했습니다. 이들이 성전의 창녀들입니다. 유다의 친구 아둘람 사람 히라가 유다가 만났다는 창녀를 성전에 소속된 창녀로 착각한 것입니다. 그만큼 당시 가나안 땅에 우상 신전과 성전의 창녀들이 많았습니다. 히라가 담보물을 찾지 못하게 되자 유다는 "그로 그것을 가지게 두라 우리가 부끄러움을 당할까 하노라" 하고 말합니다. 사람들에게서 조롱과 멸시를 당할까 봐 그대로 덮겠다는 뜻입니다. 게다가 자기가 염소 새끼를 보냈으나 친구가 그녀를 찾지 못했다고 탓하기까지 합니다.

유다가 자기 잘못은 보지 못한 채 부끄러움을 당할 일만 걱정합니다. 그의 첫째 잘못은 창녀와 동침한 것입니다. 원래 유대인은 창녀와 동침하면 안 됩니다. 더구나 히라가 우상숭배를 하는 성전의 창녀로 생각했다는 것은 유다를 그 정도로 타락할 만한 사람으로 여겼다는 뜻입니다. 해서는 안 될 일을 했으니 하나님 앞에 나아가 회개해야 할 텐데, 사람들에게서 부끄러움을 당할까 봐 노심초사하는 것입니다.

훗날 사울 왕이 똑같은 반응을 보입니다. 사무엘에게서 여호와께서 그를 버려 이스라엘 왕이 되지 못하게 하셨다는 말을 듣고도 사울은 "내가 범죄하였을지라도 이제 청하옵나니 내 백성의 장로들 앞과 이스라엘 앞에서 나를 높이사"(삼상 15:30) 하고 자기 체면만 염려합니다.

거룩도 하나님이 그 마음에 계셔야 지키지 하나님이 계시지 않으면 자기 멋대로 살게 마련입니다. 신앙생활을 하다가 문제가 생기면 하나님 앞에 달려 나가는 것이 정상입니다. 그런데 하나님 앞에서 회개할 생각은 않고 부끄러움을 당할 걱정만 하는 것입니다. 한마디로 유다는 하나님께 관심이 없는 상태였습니다.

회개는 대단히 큰 은혜입니다. 진짜 벌은 죄에서 돌이키지 못한 채 부끄러운 일을 계속하는 것입니다. 회개는 부끄러움을 알게 되었다는 뜻입니다. 유다는 부끄러운 삶을 살았고, 더 부끄러워질까 봐 걱정하는 지경이 되었습니다.

24 석 달쯤 후에 어떤 사람이 유다에게 일러 말하되 네 며느리 다말이 행음하였고 그 행음함으로 말미암아 임신하였느니라 유다가 이르되 그를 끌어내어 불사르라 25 여인이 끌려나갈 때에 사람을 보내어 시아버지에게 이르되 이 물건 임자로 말미암아 임신하였나이다 청하건대 보소서 이 도장과 그 끈과 지팡이가 누구의 것이니이까 한지라 26 유다가 그것들을 알아보고 이르되 그는 나보다 옳도다 내가 그를 내 아들 셀라에게 주지 아니하였음이로다 하고 다시는 그를 가까이하지 아니하였더라 _창 38:24~26_

"보소서"(25절)란 '제발 자세히 살펴보십시오'라는 뜻입니다. "그는 나보다 옳도다"(26절)는 다말이 하나님 앞에서 옳고 의롭다는 뜻이 아닙니다. 상대적으로 유다보다 옳다는 것입니다.

유다는 다말의 임신 소식에 분노했지만, 결국 그녀가 자신보다 옳다는 것을 스스로 증명하게 됩니다. 창세기 38장은 선택받은 하나님의 아들이 가나안 여인 다말보다도 의롭지 못하게 살았음을 보여 줍니다.

야곱 이후 누가 하나님의 나라에서 우월한 위치에 서서 영적 주도권을 갖느냐를 두고 싸우는데, 그 첫 번째 주인공으로 요셉이 등장했습니다(창 37장). 그는 하나님에게서 꿈을 받았으나 아직은 꿈에 걸맞지 않은 사람이었고, 장차 치리권을 받게 될 두 번째 주인공인 유다는 세상 사람보다 더 세상적인 사람이었습니다. 영적 분별력이 없으므로 자식이 둘이나 죽어도 잘잘못을 분별하지 못했고, 결국 며느리 다말보다 의롭지 않은 사람이 되었습니다.

성경이 요셉과 유다의 부족함을 낱낱이 드러내는 데는 이유가 있습니다. 그들이 선택된 것은 그들이 훌륭해서가 아니란 것입니다. 그들을 계시에 합당한 자들로 만들어 가시는 하나님을 바라보라는 것입니다.

27 해산할 때에 보니 쌍태라 28 해산할 때에 손이 나오는지라 산파가 이르되 이는 먼저 나온 자라 하고 홍색 실을 가져다가 그 손에 매었더니 29 그 손을 도로 들이며 그의 아우가 나오는지라 산파가 이르되 네가 어찌하여 터뜨리고 나오느냐 하였으므로 그 이름을 베레스라 불렀고 30 그의 형 곧 손에 홍색 실 있는 자가 뒤에 나오니 그의 이름을 세라라 불렀더라 창 38:27~30

홍색 실을 가져다가 그 손에 맨 것(28절)은 쌍둥이 중에 장자를 구별하기 위한 조치였습니다. 그런데 동생이 형을 제치고 다말의 배를 터뜨리며 먼저 나옵니다.

베레스가 터뜨리고 나온 사건은, 철부지 소년 요셉과 마찬가지로 유다도 하나님의 나라를 이어 가기에는 한참 모자란 상태이지만 하나님이 그렇게 만드시겠다는 뜻을 상징적으로 드러냅니다. 하나님이 영적으로 둔감한 유다를 어미의 배를 터뜨리듯 바꾸어 놓으시겠다는 뜻입니다.

"철부지 요셉이 어떻게 성숙해 가는가를 봐라. 영적으로 무너진 유다가 어떻게 바뀌어 가는가를 봐라."

우리는 하나님을 몰라도 너무 모릅니다. 요셉과 유다가 처음부터 장자권과 치리권에 어울리는 인물은 아니었습니다. 하나님이 어울리도록 만들어 가신 것입니다.

유다의 이야기가 남 이야기 같은가요? 요셉의 이야기가 남 이야기 같습니까? 성경 이야기를 남의 이야기로 보지 마십시오. 당신이 철부지 요셉이자 타락한 유다입니다. 하나님이 당신을 실패작으로 내버려 두실 것 같습니까? 아닙니다. 그분이 만드십니다. 하나님이 기필코 만들어 세우십니다. 하나님 안에서 자신을 볼 줄 알아야 합니다.

하나님을 놓치면 안 됩니다. 하나님이 이끌어 가시니 앞으로 어떻게 될까 하고 두려워하지 마십시오. 믿음이 문제입니다. 망할 것 같으니까 두려운 것입니다. 하나님을 보지 못해서 두려운 것입니다. 그러니 자기 자신을 잘 지키십시오.

요셉이 잘해서 애굽의 총리가 되고 영화의 상징이 되는 게 아닙니다. 하나님이 철부지 요셉에게 꿈을 주셨고, 그 꿈에 걸맞게 만들어 가셨습니다. 유다가 잘해서 형제 중에 치리권을 얻고 그 가문에서 메시아가 나신 것이 아닙니다. 하나님이 영적으로 타락한 형편없는 유다를, 베레스로 다말의 배를 터뜨리고 태어나게 하셨듯이, 자신의 한계를 뚫고 성장하도록 만드십니다.

성경을 볼 때는 하나님을 봐야 합니다. 성경은 하나님의 역사이니까요. 하나님은 죄인을 들어 사용하십니다. 인간의 연약함을 보면 인본주의가 나오고, 하나님의 일하심을 보면 하나님의 영광이 나옵니다. 자기 실상을 보면 불안에 빠지고, 은혜에서 떨어질 수밖에 없습니다. 하나님을 바라보고, 하나님의 일하심을 보십시오. 하나님을 붙잡고 하나님의 일하심을 보고 느끼기 시작하면 담대함이 솟습니다.

인간의 연약함을 하나님이 어떻게 만지고 세워 가시는지를 봐야 합니다. 이것은 성경 이야기뿐 아니라 우리 인생에서 실제로 일어나는 일입니다. 기도하며 하나님이 당신과 당신의 가정을 어떻게 만들어 가시는지를 체험해 보십시오. 은혜가 머리가 아닌 삶 속에서 역동적으로 역사할 것입니다.

유다는 형제들에게서, 즉 신앙 공동체에서 스스로 잘려 나왔지만 하나님이 그의 삶 속에 여전히 역사하셨습니다. 그리고 그를 세워 나가셨습니다.

18 베레스의 계보는 이러하니라 베레스는 헤스론을 낳고 19 헤스

론은 람을 낳았고 람은 암미나답을 낳았고 20 암미나답은 나손을 낳았고 나손은 살몬을 낳았고 21 살몬은 보아스를 낳았고 보아스는 오벳을 낳았고 22 오벳은 이새를 낳고 이새는 다윗을 낳았더라

룻 4:18~22

룻기 마지막에 유다가 다말을 통해 낳은 베레스의 족보가 기록되어 있습니다. 다말의 배를 터뜨리고 나온 베레스를 통해 훗날 다윗이 태어나게 됩니다.

출애굽을 기점으로 이전 5대, 즉 베레스부터 나손까지 그리고 이후 5대, 즉 살몬부터 다윗까지가 기록되었습니다. 완전수 10대로 일부러 맞춘 것입니다.

룻 이야기는 사사시대 초기의 사건이었습니다. 보아스의 어머니는 기생 라합으로 사사시대 초기 사람입니다. 역사적으로 보면, 사사기 다음에 사무엘상이 나와야 하는데 사사기 뒤에 룻기를 배치했습니다. 거기에는 이유가 있습니다.

사무엘상을 보면, 엘리 제사장의 아들 홉니와 비느하스가 행실이 나빠 여호와를 알지 못했다고 합니다(삼상 2:12). 시대가 얼마나 타락했는지 하나님을 모르는 자가 제사장 일을 합니다. 지금으로 말하면, 하나님을 모르는 사람이 직업 목사가 되어 교회 사역을 하는 셈입니다.

다말이 아기를 못 낳아서 대가 끊긴 것처럼 이스라엘에 하나님을 아는 제사장을 찾아보기 힘들 만큼 영적 흐름이 끊긴 시대였습니다. 그때 하나님이 한나의 기도를 통해 사무엘을 일으키시고, 사무엘을 통해 다

윗을 세우셨습니다. 다윗이 어떻게 준비되었는지를 설명하는 것이 바로 룻기입니다. 그래서 사사기 다음에 룻기를 기록하고 나서 사무엘상으로 넘어가는 것입니다.

유다가 다말을 통해 베레스를 낳은 사건이 다윗을 넘어 예수님에게까지 이어지는 여호와 이레의 사건이었음을 가르쳐 주는 것입니다.

고난 속에
성장하다

2 여호와께서 요셉과 함께하시므로 그가 형통한 자가 되어 그의 주인 애굽 사람의 집에 있으니 3 그의 주인이 여호와께서 그와 함께하심을 보며 또 여호와께서 그의 범사에 형통하게 하심을 보았더라 창 39:2~3

간수장은 그의 손에 맡긴 것을 무엇이든지 살펴보지 아니하였으니 이는 여호와께서 요셉과 함께하심이라 여호와께서 그를 범사에 형통하게 하셨더라 창 39:23

창세기 39장 2~23절은 샌드위치 본문으로 불립니다. 앞뒤에 "형통"이란 말을 두고 가운데에 하나님이 말씀하고자 하는 내용을 넣은 것입니다.

앞뒤에 놓인 '형통함'만 보고 '하나님이 요셉을 도와 보디발의 집에 팔려 가게 하여 가정 총무가 되는 형통함을 주셨구나'라거나 '요셉은 감옥에 가서도 하나님이 형통하게 하시니 간수장의 은혜를 입는구나' 하고 안일하게 생각해서는 안 됩니다.

2절과 23절 사이의 내용을 보면 요셉의 현실은 계속해서 추락하기만 합니다. 누가 봐도 망해 가는 것처럼 보입니다. 그런데도 성경은 형통하다고 말합니다.

이런 형통이 어디에 있습니까? 형통하다면 노예로 팔려 가지 않아야 하고, 감옥에 가서는 안 되는 것 아닙니까? 누구보다 잘살아야지, 쫄딱 망해서 입에 풀칠하기도 어렵게 되었는데 어떻게 형통하다고 합니까?

성경이 말하는 형통은 세상에서 말하는 만사형통과 다릅니다. 성경은 하나님의 뜻대로 가고 있을 때를 형통하다고 말합니다. 겉보기에 인생이 나락으로 떨어지는 것 같지만 실은 아니라는 것입니다. 하나님이 주권적으로 끌어가시는 인생은 꼬인 듯 보이지만 실은 제대로 가는 중이라는 뜻입니다.

하나님의 주권적 역사를 믿는 사람은 자기 삶의 자리에서 하나님에 의해 만들어져 가는 과정을 견뎌 낼 수 있습니다. 요셉이 경험한 하나님의 주권적 역사는 한 가지였습니다. 하나님이 그에게 꿈을 주셨다는 것입니다. 그는 아마도 노예살이하는 틈틈이 꿈에 관해 생각했을 것입니다. 그러나 그 꿈이 무엇을 뜻하는지는 여전히 알지 못했고, 바쁜 일상 가운데 잊고 살았을 것입니다. 그러나 한 가지 확실한 것은 하나님이 그 꿈을 주셨다는 것입니다. 그 믿음으로 요셉은 노예의 삶을 버틸 수 있었습니다.

애굽 왕 바로의 친위대장 보디발이 자신의 집에 들어온 한낱 히브리 소년을 기억이나 했겠습니까? 아버지에게 귀여움만 받고 자란 철딱서니 없는 17세 소년입니다. 그는 두려움에 떨었을 것입니다. 수많은 노예들 사이에서 잡일부터 시작했을 것입니다. 그런데 시키는 일을 성실하게 곧잘 해냅니다. 그런 요셉을 하나님이 도우십니다. 하나님이 도우시기에 형통합니다. 시키는 일마다 성공적으로 해내자 중요한 일이 생길 때마다 사람들이 요셉을 찾았을 것입니다. 그렇게 해서 더 많은 책임을 지게 되고 더 큰 신임을 얻었을 것입니다. 이렇게 일을 성실하게 해낸 끝에 나중에 보디발의 눈에 들게 되었습니다.

처음부터 보디발의 눈에 든 게 아니라는 뜻입니다. 형통함 뒤에는 눈물과 땀이 켜켜이 쌓여 있었습니다. 만약에 요셉이 억울함에 젖어 탈출할 생각만 했다면 도망치고 잡히는 일을 거듭했을지도 모릅니다. 그러나 그는 맡겨진 일을 성실히 감당했습니다. 형들이 들에서 양을 칠 때, 그는 형들의 잘못을 지적하고 고자질이나 했지 실제로 일해 본 적도 없던 사람입니다.

그런데도 요셉은 끔찍한 구렁텅이에서 살기보다 하나님 앞에서 살기를 택했습니다. 하나님은 그를 고된 노동과 고통 속에 두셨습니다. 그는 그곳에서 순종을 배웠고, 세상의 지혜를 얻었습니다.

당신에게 주어진 하루를, 작은 일을 가치 없다고 여기지 말기를 바랍니다. 하나님이 인생에 주신 일 중에 가치 없고 작은 것은 없습니다.

내 눈에만 작아 보이는 것입니다. 하나님은 작아 보이는 일을 통해 우리를 훈련시키고 형통하게 하십니다. 작은 일을 통해 하나님 나라의 큰일을 만드시는 것입니다.

보디발의 집에서 뼈 빠지게 노예살이한 시간이 사실은 그를 애굽의 총리로 세우기 위한 훈련이었음을 누가 알 수 있었겠습니까? 하나님이 하십니다. 하나님이 형통케 만드십니다. 그 하나님이 있기에 이해할 수 없어도 순종하며 가는 것입니다.

> 4 요셉이 그의 주인에게 은혜를 입어 섬기매 그가 요셉을 가정 총무로 삼고 자기의 소유를 다 그의 손에 위탁하니 5 그가 요셉에게 자기의 집과 그의 모든 소유물을 주관하게 한 때부터 여호와께서 요셉을 위하여 그 애굽 사람의 집에 복을 내리시므로 여호와의 복이 그의 집과 밭에 있는 모든 소유에 미친지라 6a 주인이 그의 소유를 다 요셉의 손에 위탁하고 자기가 먹는 음식 외에는 간섭하지 아니하였더라 _창 39:4~6a_

보디발은 자기 집과 밭에 있는 모든 소유에 내린 복이 단순히 운이 좋아서가 아니라 요셉을 통하여 하나님이 내리신 것임을 알았습니다. 그는 복덩어리 요셉에게 자기가 먹는 음식 외에 모든 일을 맡겼습니다.

애굽인은 히브리 사람과 같이 먹으면 부정을 입는다고 믿었습니다(창 43:32). 또한, 목축을 가증히 여겨서 유목민인 히브리인을 부정하게 여겼습니다(창 46:34). 종교적인 의미에서 음식만은 제외되었지만, 그 외

모든 것을 요셉에게 맡겼습니다. 그만큼 요셉이 성실하고 정직하게 노예살이를 감당했다는 뜻입니다.

사랑만 받으며 제멋대로 살아온 철부지 요셉이 혈기를 죽이고 철저히 순종하며 노예살이를 하는 것이 쉬운 일이었을까요? 하나님이 요셉에게 하신 첫 번째 일은 철저한 순종 속에 누가 봐도 모든 것을 맡길 만한 성품과 실력을 갖추게 하신 것입니다. 요셉은 보디발의 집에서 철저한 노예살이 훈련을 통해 멋진 사람으로 성장했습니다.

문제는 요셉을 보디발의 가정 총무로 살게 하는 것이 하나님의 계획이 아니라는 데 있습니다. 이제 다음 훈련으로 넘어갈 단계입니다. 정작 훈련생 본인은 이 사실을 알지 못하니 기막힐 따름입니다.

하나님은 구원의 큰 그림을 그리시고, 그에 따라 철저하게 일하십니다. 하나님은 철저히 하나님의 스케줄대로 하십니다. 꼭 우리 인생이지 않습니까? 그러니 나쁜 일이 생길 때마다 너무 자책만 해서는 안 됩니다. 잘못을 반성하지 말라는 뜻이 아니라 잘잘못을 가리는 데만 집중하지 말라는 뜻입니다. 그것보다 더 중요한 것이 있습니다. 어떤 상황에도 하나님 앞에서 바르게 살아가는 싸움을 해야 한다는 것입니다. 어떤 때는 잘못이 없는데도 하나님이 더 큰 뜻을 이루기 위해서 깊은 연단에 집어넣으실 때가 있습니다. 요셉처럼 말입니다.

6b요셉은 용모가 빼어나고 아름다웠더라 7 그 후에 그의 주인의 아내가 요셉에게 눈짓하다가 동침하기를 청하니 _{창 39:6b~7}

요셉의 빼어나고 아름다운 용모가 문제를 일으켰습니다. 보디발의 아내가 요셉을 탐하여 유혹하기 시작한 것입니다. 그의 용모가 빼어나지만 않았어도 문제가 일어나지 않았을 것입니다. 우리 인생에도 이런 일이 종종 일어납니다. 피할 수 없는 사람, 피할 수 없는 관계, 피할 수 없는 일을 겪습니다.

8 요셉이 거절하며 자기 주인의 아내에게 이르되 내 주인이 집안의 모든 소유를 간섭하지 아니하고 다 내 손에 위탁하였으니 9 이 집에는 나보다 큰 이가 없으며 주인이 아무것도 내게 금하지 아니하였어도 금한 것은 당신뿐이니 당신은 그의 아내임이라 그런즉 내가 어찌 이 큰 악을 행하여 하나님께 죄를 지으리이까 _{창 39:8~9}

"이 집에는 나보다 큰 이가 없으며 주인이 아무것도 내게 금하지 아니하였어도 금한 것은 당신뿐이니 당신은 그의 아내임이라"(9절)에서 요셉에게 보디발의 아내는 선악과와도 같았음을 알 수 있습니다.

선악과는 선과 악을 구별하는 기준이 되는 나무입니다. 선악의 가장 중요한 기준은 나무의 열매가 아닌 하나님의 명령에 있습니다. 열매만 보면 작은 일이고, 하나님의 명령으로 받아들이면 이보다 큰 일이 없습니다. 신앙은 전능자를 기억하고 하나님이 금하신 것을 하지 않는 싸움을 하는 것입니다. 그런데 아담과 하와는 금지선을 넘는 죄를 짓고 말았습니다.

요셉은 자기가 하지 말아야 할 것을 놀랍도록 분별해 냈습니다. 그는 노예살이를 통해 철저히 순종하는 법을 배웠지만, 이 싸움에서 하나님 앞에서 해야 할 것과 하지 말아야 할 것을 분별해 내는 지혜를 배웠습니다. 형들이 자기와 편하게 인사를 나누지도 못할 만큼 마음이 상하고 자신을 죽이고 싶을 만큼 미워했는데도 눈치 채지 못했던 철부지 요셉이 여인의 유혹 앞에서 자신이 해야 할 것과 하지 말아야 할 것을 분별하고 단호하게 행동하는 자가 되었습니다.

요셉이 보디발의 아내의 유혹을 거절한 이유가 무엇입니까? 하나님 앞에 죄지을 수 없기 때문입니다. 보디발에게 은혜를 입어서가 아닙니다. 요셉이 가정 총무를 함으로써 누구보다 득을 크게 본 사람이 그입니다. 요셉이 충성한 것은 보디발이 아니라 하나님이었습니다. 그가 하나님 앞에서 살아가려고 얼마나 애썼는지 알겠습니까?

10 여인이 날마다 요셉에게 청하였으나 요셉이 듣지 아니하여 동침하지 아니할뿐더러 함께 있지도 아니하니라 11 그러할 때에 요셉이 그의 일을 하러 그 집에 들어갔더니 그 집 사람들은 하나도 거기에 없었더라 12 그 여인이 그의 옷을 잡고 이르되 나와 동침하자 그러나 요셉이 자기의 옷을 그 여인의 손에 버려두고 밖으로 나

가매 13 그 여인이 요셉이 그의 옷을 자기 손에 버려두고 도망하여 나감을 보고 ^{창 39:10~13}

죄의 세력이 만만하지 않다는 것이 문제입니다. 보디발의 아내는 요셉의 거절을 받아들이지 못하고 날마다 끈질기게 청했습니다. 그러나 요셉은 그녀와 함께 있지도 않았습니다. 결국 자기 옷을 여인의 손에 버려두고 밖으로 나가 버립니다.

죄를 대할 때 어떻게 해야 할지 요셉의 행동을 보고 배워야 합니다.

첫째, 요셉은 시험에 들까 봐 여인과 함께 있는 것조차 거절했습니다. 하나님 앞에서 죄를 짓지 않기 위해 은혜로써 싸워 신앙을 지켰습니다. 신앙을 점검하려면 누구와 가까이하는지를 보십시오. 유혹에 빠질 때는 그 옆에 그런 사람이 함께 있게 마련입니다. 은혜를 받을 때 은혜의 사람들이 함께하듯이 말입니다. 누구와 함께하느냐가 매우 중요합니다.

둘째, 최악의 상황에서는 삼십육계 줄행랑을 하는 편이 낫습니다. 도망가는 것만큼 안전한 것도 없습니다. 신앙적으로 치열하게 싸워야 할 상대를 만나면 섣부르게 맞서지 말고, 간단한 인사말만 하고 도망가십시오. 죄에서 최대한 멀리 떨어지는 것이 중요합니다.

죄는 무섭습니다. 죄를 두려워해야 합니다. 죄는 한번 지으면 그것으로 끝나는 법이 없습니다. 사탄이 그냥 놔두지를 않습니다. 끝까지 몰고 가 파괴하는 것이 사탄이 하는 일입니다.

시험에 드는 사람은 늘 시험에 들 만한 것들과 동행합니다. 자기는 그런 곳에 가도 시험에 들지 않는다고 장담하는 이들이 있습니다. 내가 알기로, 그 정도 실력자는 찾아보기 힘듭니다. 대부분 유혹의 의미를 잘 모른 채 일차원적으로만 생각합니다. 죄를 윤리·도덕적으로만 봐서는 안 됩니다. 행동으로 옮기지 않았다고 해서 죄가 없는 것이 아닙니다. 스스로 깨닫지 못할 뿐입니다.

사람은 머무는 곳에서 영향을 받게 되어 있습니다. 시간과 공간을 넘어서는 피조물은 없습니다. 유혹에 빠질 만한 장소에서 다행히 잘 버텼더라도 유혹에 맞서느라 시간과 생각을 많이 빼앗겼다면 결국 사탄이 성공한 셈입니다. 함께 있는데 어떻게 생각을 안 할 수가 있습니까? 하나님을 닮아 가고 배워 갈 시간을 빼앗은 것입니다. 사탄은 그 정도면 만족합니다. 영향력을 잃은 성도는 사탄에게 위협이 되지 않을 뿐 아니라 세상에서 힘을 발휘할 수 없다는 것을 알기 때문입니다.

죄란 함께 있음으로써 벌어집니다. 내가 약하면 그곳에 가도 안 되고, 그곳에 머물러도 안 됩니다. 신앙이 떨어질 때일수록 더욱 하나님께 가까이 나아가고 하나님을 배울 수 있는 곳으로 가야 합니다. 그렇지 않으면 사탄에게 자신을 노출하게 됩니다. 나는 그런 때일수록 더욱 예배의 자리로 나아갔습니다. 은혜를 받으려는 게 아니라 타락하지 않기 위해 나아간 것입니다. 신앙이 좋지 않을 때 다른 곳에 가면 더 타락하게 됩니다. 신앙이 좋을 때 바닷가에 가면 "주 하나님 지으신 모든 세계" 하고 찬양이 나오지만, 신앙이 바닥에 떨어졌을 때 가면 물에 빠지고 싶어집니다.

그러니 신앙이 좋지 않을 때는 하나님 앞에 앉아 있으십시오. 그냥 그 앞에 우두커니 앉아라도 있으십시오. 믿음은 들음에서 납니다. 말씀을 들어야 하나님의 손길이 닿습니다. 신앙은 누구와 함께하는가가 중요합니다.

요셉의 흥망성쇠는 대개 옷으로 표현되곤 합니다. 아버지 야곱에게 사랑받던 시절에 채색옷을 입었는데, 형들에 의해 노예로 팔려 갈 때 그 옷이 찢깁니다. 보디발의 집 가정 총무의 옷을 입었지만, 그 아내의 유혹을 피하다가 옷이 벗겨집니다. 훗날 애굽 총리가 될 때 바로가 그에게 세마포 옷을 입힙니다.

이처럼 인생의 속옷이 벗겨질 때, 하나님이 보시고 다시 입혀 주십니다. 요셉이 이 사실을 자기 인생으로 증명해 보이고 있지 않습니까?

이해할 수 없으나 믿었다

14 그 여인의 집 사람들을 불러서 그들에게 이르되 보라 주인이 히브리 사람을 우리에게 데려다가 우리를 희롱하게 하는도다 그가 나와 동침하고자 내게로 들어오므로 내가 크게 소리 질렀더니 15 그가 나의 소리 질러 부름을 듣고 그의 옷을 내게 버려두고 도망하여 나갔느니라 하고 16 그의 옷을 곁에 두고 자기 주인이 집으로 돌아오기를 기다려 17 이 말로 그에게 말하여 이르되 당신이 우리에게 데려온 히브리 종이 나를 희롱하려고 내게로 들어왔으므로 18 내가 소리 질러 불렀더니 그가 그의 옷을 내게 버려두고 밖으로 도망하여 나갔나이다 19 그의 주인이 자기 아내가 자기에게 이르

기를 당신의 종이 내게 이같이 행하였다 하는 말을 듣고 심히 노한 지라

보디발의 아내는 요셉을 가정 총무로 부르는 대신에 인종차별적인 의도로 "히브리 사람"(14절)이라고 부릅니다. 또한, 요셉이 벗어 두고 간 "그의 옷"을 반복하여 말함으로써 증거가 있음을 강조합니다(15, 16, 18절). 그녀는 옷을 증거로 요셉을 끝까지 잡아서 나락으로 떨어뜨립니다.

누군가를 모함하려면 어떻게 해야 하는지 보디발의 아내가 한 짓을 보면 알 수 있습니다. 그녀는 굉장히 똑똑했습니다. 요셉은 가정 총무로 보디발에 버금가는 집안의 권력자인데도 그녀는 일부러 그를 '히브리 사람'으로 부름으로써 그에게 지시받는 애굽인 종들의 마음을 건드려 이질감을 확대시킵니다. 그리고 "주인이 히브리 사람을 우리에게 데려다가 우리를 희롱하게 하는도다"(14절) 하며 '우리'를 강조하여 애굽인들이 자기편에 서게 합니다. 요셉이 자기를 희롱했다고 말하지 않고, '우리를 희롱했다'고 말합니다. 히브리 종이 권력을 갖자 애굽인인 자기를 무시하여 건드렸다고 몰아감으로써 자연스럽게 애굽인들의 세력을 결집했습니다.

바벨탑 사건도 "우리 이름을 내고 온 지면에 흩어짐을 면하자"(창 11:4)로 시작하지 않았습니까? 사람은 하나님을 떠나면 힘을 추구하게 마련입니다. 죄가 관영하면 세력을 만들기 시작합니다. 그러나 신앙은 하나님 앞에 오롯이 서는 것입니다.

보디발의 아내는 요셉의 옷을 곁에 두고 주인이 오기를 기다립니다.

끝장을 보겠다는 것입니다. 요셉에게 시간을 주지 않고, 다른 사람들에게 생각할 여유도 주지 않았습니다. 보디발이 집에 들어오자마자 틈을 주지 않고 몰아세웁니다. 그가 상황을 판단하고 생각할 수 없게끔 하였습니다. 남편 보디발이 히브리 종을 데려와서 이런 일이 생겼다면서 모든 책임을 그에게 넘깁니다. 남편과 요셉을 모두 옴짝달싹 못 하게 만들어 버린 것입니다.

악한 사람이 악을 행하는 것을 보면 상상을 초월합니다. 정말 사람이 저럴 수 있을까 싶습니다. 설마설마하다가 당하는 모습을 많이 봐 왔습니다. 악은 항상 우리 상상을 넘어섭니다. 요셉은 하루아침에 죄인이 되어 감옥으로 가게 되었습니다.

요셉은 17세에 노예로 끌려와 30세에 총리가 될 때까지 13년 동안 7~8년은 노예살이로, 4~5년은 감옥살이로 보냈을 것입니다. 끔찍한 노예살이 7~8년 세월이 성경에는 1절부터 6절로 아주 짧게 기록되었습니다. 우리 같았으면 책 몇 권을 썼을 것입니다. 수없이 쏟아지는 간증집을 보면 알 수 있습니다. 하나님은 요셉의 감옥살이를 알려 주고 싶으신 게 아닙니다. 그것은 단 6절이면 됩니다.

오히려 보디발의 아내에게 모함받아 감옥에 가는 하루 이야기가 훨씬 더 깁니다. 하나님이 들려주고 싶으신 이야기와 내가 말하고 싶은 이야기가 이처럼 너무나 다릅니다.

우리 인생은 하나님 나라의 역사 속에 몇 줄이나 기록될 수 있을까요? 하나님의 섭리 안에 있어야 기록될 것도 있는 법입니다. 천국에 가면 "아무개가 태어났다. 구원받았다. 천국에 왔다"로 소개가 끝날지도 모릅니다. 그 사이 하나님과 아무 상관없는 삶을 살았기 때문입니다. 탕자처럼 산 죄인의 인생을 기억하고 싶지 않으실 테니 말입니다. 자신의 인생이 하나님께 어떻게 기억될지 생각하며 신앙생활을 해야 합니다.

신앙이 자라는 사람과 떨어지는 사람의 차이는 방향성에서 드러납니다. 신앙은 윤리나 도덕으로 판단할 수 없습니다. 우리는 매일 후회합니다. 그런데 울면서도 가던 방향을 돌리지 않으니 그저 후회에 머뭅니다. 사실 눈물을 흘리는 것은 중요하지 않습니다. 회개는 눈물로 때우는 후회가 아닙니다. 삶의 방향을 돌이키는 것입니다. 지금까지 도둑질하며 살았다면 이제부터 하지 않으면 됩니다. "회개하라 천국이 가까이 왔느니라"(마 3:2). 회개는 삶의 방향을 180도 바꾸는 일입니다. 방향을 바꾸어 하나님을 향해 나아가는 것입니다.

신앙이 떨어진 사람은 죄의 불에 데지 않으면서도 어떻게 하면 세상에 가장 가까이 갈 수 있을까를 묵상합니다. 골프를 좋아하는 사람은 골프채를 들고 하나님 앞에 마지막으로 나아갈 수 있는 선을 묵상합니다. 즉 하나님께 혼나지 않는 범위에서 어떻게 선을 넘지 않고 죄를 지으며 신앙생활 할 수 있을지를 고민하는 것입니다. 그야말로 뜨겁지도 차지도 않은 미지근한 신앙입니다.

그러나 성령의 사람은 죄에서 얼마나 벗어날 수 있을지를 묵상합니다. 방향이 다릅니다. 하나님께 가까이 가기 위해서 얼마나 더 빨리 죄를 던져 버리고 도망갈까를 생각합니다. 요셉은 달랐습니다. 그는 죄를 멀리하며 죄의 자리에서 벗어나고자 애썼습니다. 노예살이를 하는 가운데 요셉이 성장한 것입니다.

나는 청년들에게 이런 충고를 하곤 합니다. 사랑하는 사이라고 함께 여행을 가거나 늦은 시간에 차 안에서 둘만 있지 말라고 말입니다. ‘지켜 준다’는 말은 헛소리에 지나지 않습니다. 사랑에 빠진 젊은이가 끓어오르는 사랑을 어떻게 주체하겠습니까? 아예 그런 자리에 가지 말아야 합니다.

나는 기질이 무척 강한 사람입니다. 무서울 게 없었습니다. 그런데 독실한 불교 집안에서 태어나 자란 내가 목사가 되겠다고 선언했을 때, 집안 식구는 물론 온 친척이 “남국이는 착해, 목사가 될 만한 사람이야”라고 말해 주었습니다.

예수님을 믿고 나서는 부모님께 한 번도 대든 적이 없습니다. 주일에 예배를 드리기 위해서 6일 동안 온갖 집안일을 다 했습니다. 아들만 4형제인 집의 둘째인데, 큰형이 밤 12시에 라면을 끓이라고 하면 아무 말 없이 끓였습니다. 큰형과 일대일로 싸우면 이길 자신이 있었습니다. 싸움을 잘했기 때문입니다. 두 살 터울의 공부쟁이 형은 내게 아무것도 아니었습니다. 그래도 철저히 순종했습니다. 그러고 나서 7일째 주일에 교회에 갔습니다. 주일에 교회 가기 위해 얼마나 성실하게 살았는지 모릅니다. 부모님과 친척들은 물론 사촌형들까지도 “남국이는 목사 하면 잘할 거야” 하고 덕담할 정도였습니다.

예수님을 믿기 전에 알았던 친구들은 도저히 믿지 못할 말입니다. 누구든지 나를 건드리면 가만두지 않았기 때문입니다. 그러나 예수님을 믿고 나서 변했습니다. 예수님을 믿고 첫째로 배운 것이 인내입니다.

하나님이 사람을 통해 일하실 때는 사람을 붙여 주십니다. 하나님의 일은 사람을 통해서 이루어집니다. 사람만 있으면 어떤 일이든 해낼 수 있습니다.

형통하려면 사람이 붙어야 합니다. 사람이 붙는다는 것은 그가 사람을 모을 수 있는 성품과 실력을 갖췄으며 책임을 다할 사람이라는 뜻입니다. 하나님은 요셉에게 한 나라를 맡기기 전에 큰 가정 살림을 먼저 다스려 볼 기회를 주셔서 그 안에서 훈련하도록 하셨습니다. 만약 그가 여기서 실패했다면 어떻게 애굽 전 나라를 다스릴 수 있겠습니까? "하나님, 도저히 못하겠습니다" 하는 자에게 어떻게 일을 맡기시겠습니까?

인생에서 가장 힘들고 어려운 것이 무엇인지 압니까? 자기가 망한 이유를 모를 때입니다. 요셉은 자기가 애굽의 총리로 만들어지는 과정 가운데 있다는 것을 알지 못했습니다. 그러나 그는 살아 계신 하나님을 믿었습니다.

내가 청년 때 왜 가정에 그렇게 순종했는지 압니까? 이유는 모르지만 하나님이 까닭 없이 하지는 않으실 것이라는 믿음이 있었기 때문입니다. 하나님이 그의 자녀를 까닭 없이 연단하시지는 않겠지 하며 버텼습니다. 왜 순종해야 합니까? 하나님이 살아 계시기 때문입니다.

아브라함이 이삭을 바치러 모리아 산까지 가야만 양을 준비하시는 여호와 이레를 알 수 있습니다. 하나님이 가라고 하신 곳까지 가야만 열매를 맛볼 수 있습니다. 그러므로 우리는 하나님을 향해 나아가는 싸움을 해야 합니다. 요셉은 앞날을 알 수 없는 중에도 하나님 앞에 나아가는 싸움을 계속했습니다.

가르고 쓸고
쪼고 엎고

바로,
내가 꿈을 꾸었다

¹ 만 이 년 후에 바로가 꿈을 꾼즉 자기가 나일 강가에 서 있는데 ² 보니 아름답고 살진 일곱 암소가 강가에서 올라와 갈밭에서 뜯어 먹고 ³ 그 뒤에 또 흉하고 파리한 다른 일곱 암소가 나일 강가에서 올라와 그 소와 함께 나일 강가에 서 있더니 ⁴ 그 흉하고 파리한 소가 그 아름답고 살진 일곱 소를 먹은지라 바로가 곧 깨었다가 ⁵ 다시 잠이 들어 꿈을 꾸니 한 줄기에 무성하고 충실한 일곱 이삭이 나오고 ⁶ 그 후에 또 가늘고 동풍에 마른 일곱 이삭이 나오더니 ⁷ 그 가는 일곱 이삭이 무성하고 충실한 일곱 이삭을 삼킨지라 바로가 깬즉 꿈이라 창 41:1~7

"만 이 년"(1절)이란 꽉 찬 2년입니다. 고대 이집트에서 암소는 풍요를 뜻하며 농업과 깊은 관련이 있는 동물입니다. 바로의 꿈속에서 살진 암소 일곱 마리 뒤에 뼈만 남은 흉측한 다른 암소 일곱 마리가 올라왔습니다. "파리한"(3절)이란 '가루를 만들다, 쳐서 깨뜨리다'라는 뜻입니다. 빻은 가루처럼 말라 비틀어져 흉측한 몰골이었다는 것입니다. "먹은지라"(4절)는 순식간에 삼켜 버렸다는 뜻입니다.

중요한 것은, 바로가 살진 암소와 파리한 소 꿈을 꾸고 놀라서 깼다가 다시 잠이 들었는데 또 꿈을 꾸었다는 것입니다. "동풍"(6절)은 건조한 사막에서 불어오는 거친 바람입니다. 뜨거운 바람이 농작물을 황폐화시켜 버리곤 했습니다. "삼킨지라"(7절)는 '꿀꺽꿀꺽 마시다'라는 뜻으로, 파리한 소가 살진 암소를 단번에 삼켜 버린 것처럼 마른 일곱 이삭이 충실한 일곱 이삭을 꿀꺽꿀꺽 먹어 버렸다는 것입니다.

그러고 나서 바로가 잠에서 깼습니다. 히브리어 원문을 보면, "바로가 깬즉 꿈이라"(7절)의 '바로가'와 '깬즉' 사이에 '웨힌네'(וְהִנֵּה)가 있습니다. '웨힌네'는 '그리고/그런데 보라'(and behold)라는 뜻으로 하나님이 어떤 것을 보여 주실 때 사용되는 단어입니다. 하나님이 새로운 상황을 전개시키시는 것을 집중하여 보기 원할 때 사용됩니다. 하나님이 무엇인가 일을 하신다는 뜻입니다.

바로가 깼더니 "그런데 보라, 꿈이다"라는 것입니다. 집이 무너지는 꿈을 꾸다가 깨어나서 꿈인 걸 알고 안도하듯이 생생한 꿈에서 깨어난 바로가 "어이쿠, 꿈이었구나" 한 것입니다.

> 아침에 그의 마음이 번민하여 사람을 보내어 애굽의 점술가와 현인들을 모두 불러 그들에게 그의 꿈을 말하였으나 그것을 바로에게 해석하는 자가 없었더라 창 41:8

바로는 애굽을 대표하는 지식인들, 즉 점술가와 현인들을 불러서 꿈 이야기를 들려주었으나, 그들 중에 꿈을 해석하는 자가 없었습니다.

이 꿈이 심각한 이유는 바로의 꿈이 나일 강을 배경으로 전개되었다는 데 있습니다. 나일 강은 애굽인에게 매우 중요한 의미로, 애굽의 어머니 신이자 생명의 신이기 때문입니다. 바로가 어머니 신의 계시를 받았는데 그것을 풀 자가 없는 상황이니 얼마나 심각합니까?

게다가 이삭은 농사의 신을 뜻합니다. 애굽의 주요 신이 둘이나 등장한 꿈이기에 더욱 심각했습니다. 이스라엘은 목축이 주업이지만, 이집트는 농업이 주업입니다. 그러니 바로는 번민할 수밖에 없었습니다.

출애굽기 1장에 보면, 이스라엘 백성이 애굽에서 번성하기 시작하자 불안감을 느낀 바로가 그들의 세를 약화시키는 정책을 씁니다. 첫 번째로 아이들을 많이 낳지 못하게 하려고 노역을 시킵니다. 그런데도 아이를 계속 낳자 두 번째로, 산파들에게 태어나는 아기가 남자아이면 죽이고 여자아이면 살려 두라고 합니다. 그러나 산파들이 하나님을 두려워하여 남자아이들을 살려 주었습니다.

두 가지 방법이 모두 실패하자 바로가 더욱 강력한 정책을 씁니다. 이스라엘의 남자아이들을 나일 강에 빠뜨려 죽이는 것입니다. 무척 위험한 방법입니다. 잘못하면 노예들이 폭동을 일으킬 수도 있기 때문입니다. 바로의 이전 정책들은 이스라엘 백성을 자극하지 않는 소극적인 정책을 통해 강성해지는 이스라엘의 힘을 약화시키는 것이었습니다. 바로의 목적은 이스라엘의 말살이 아닌 약화에 있었습니다. 노예의 노동력이 필요했기 때문입니다. 하지만 뜻대로 되지 않자 남자아이들을 나일 강에 빠뜨려 죽이는 적극적인 정책을 폅니다.

그런데 왜 굳이 나일 강까지 데려와서 빠뜨려 죽였을까요? 고센 땅에서 죽일 수도 있었을 텐데 말입니다. 바로는 히브리인의 생명력을 억제하는 정책이 실패하자 애굽의 어머니 신의 도움을 받아 히브리인을 돕는 히브리 신을 이기려고 한 것입니다. 신들의 전쟁이 된 것입니다.

그래서 하나님이 애굽에 열 가지 재앙을 내릴 때, 첫 번째 재앙이 나일 강에서 시작되었습니다.

바로가 얼마나 번민했던지 그를 지켜보던 술 맡은 관원장이 만 2년 전에 감옥에서 겪었던 일을 회상합니다. 감옥에 갔던 일을 떠올리기 좋아할 사람이 어디 있겠습니까? 게다가 겨우 복직되었는데, 괜히 옛날 이야기를 꺼냈다가 도리어 화를 입을 수도 있는 상황입니다. 그런데 오죽하면 술 맡은 관원장이 스스로 죄를 기억하며 이야기를 했을까요? 그만큼 심각한 상황이었다는 것입니다.

‘이에’, ‘보내어’, ‘부르매’, ‘급히’, ‘내놓은지라’, ‘곧’, ‘깎고’, ‘입고’, ‘들어가니’ 등 많은 동사와 부사들이 한 절에 나열되어 요셉이 바로 앞에 나아가기까지 매우 긴박하게 일이 진행되었음을 보여 줍니다.

술 맡은 관원장의 이야기를 들은 바로의 마음이 얼마나 급했겠습니까? 요셉이 히브리인인 것은 문제도 안 되는 상황입니다. 바로가 “어서 데리고 오라”고 소리쳤을 것입니다. 근위병들이 쏜살같이 감옥으로 달려가서 요셉을 찾았습니다. 당시 애굽인은 수염을 깎았고, 히브리인은 수염을 길렀습니다. 근위병들은 애굽 왕 앞에 나갈 수 있도록 재빨리 수염을 깎게 하고, 죄수복을 벗겨 왕 앞에 나갈 옷으로 갈아입혔습니다.

> ¹⁵바로가 요셉에게 이르되 내가 한 꿈을 꾸었으나 그것을 해석하는 자가 없더니 들은즉 너는 꿈을 들으면 능히 푼다 하더라 ¹⁶요셉이 바로에게 대답하여 이르되 내가 아니라 하나님께서 바로에게 편안한 대답을 하시리이다 창 41:15~16

급한 마음에 요셉을 찾은 바로에게 그는 꿈을 푸는 것은 자기가 아니라 하나님이며, 하나님이 편안한 대답을 주실 것이라고 말합니다. 감옥에서 갓 풀려나온 히브리 종이 애굽의 왕을 안심시키는 묘한 상황이 연출되고 있습니다.

감옥에 갇혀 있던 히브리 노예를 데려오면서 누가 자초지종을 설명해 주었겠습니까? 급하게 준비시키며 왕을 알현할 테니 군소리 말고 왕이 묻는 말에 대답이나 잘하라며 윽박질렀을 것입니다. 수많은 군인이 지키고 있는 왕궁의 복도를 황급히 달려간 뒤, 정신 차리고 보니 애굽 왕의 앞이었을 것입니다.

흥분한 바로 앞에 고관대작들이 땀을 삐질삐질 흘리며 고개를 숙이고 있습니다. 꿈을 해석하지 못했기 때문입니다. 모두가 벌벌 떨고 있을 때 요셉이 들어간 것입니다.

그런 상황에서는 바로가 "네가 꿈풀이를 아주 잘한다고 들었다"라고 하면 "말씀만 하십시오. 제가 다 해 드리겠습니다"라고 해야 정상 아닙니까? 그런데 히브리 종 요셉은 "나는 특별한 능력이 없습니다. 꿈은 하나님이 푸시는 것입니다"라고 대답합니다. 웬 미치광이가 왔나 했을 것입니다.

더 우스운 것은, 종은 평안한데 왕이 불안해한다는 것입니다. 히브리 노예가 바로를 안심시킵니다. 이해가 됩니까? 하나님이 드러내고 싶으신 것이 있습니다. 요셉이 만 2년 동안 감옥에서 얼마나 달라졌는지를 보여 주고 싶으신 것입니다.

2년 동안 요셉은 입을 꾹 다물고 참았습니다. 마지막 훈련은 입을 다물고 묵묵히 승복하며 하나님의 사람이 되는 것이었습니다. 만약 그동안 요셉이 화를 내며 하나님을 원망했다면 그는 감옥에서 끝이 났을 것입니다.

요셉이 하나님이 자신을 감옥에서 꺼내 주실 줄 알았겠습니까? 총리를 시키실 줄 알았을까요? 그는 자신의 앞날이 어떻게 될지 짐작도 하지 못했습니다. 그런데도 하나님 앞에 끝까지 서 있었습니다. 그런 요셉을 하나님이 별안간 세상으로 끄집어내셨습니다.

애굽 왕 앞에 선 요셉의 눈에 바로의 불안한 내면이 보였습니다. 천하의 권력자가 떨고 있는데, 그에게 하나님이 평안한 답을 주실 것이니 불안한 마음을 가라앉히라고 다독입니다.

과연 누가 진정한 실력자인지가 여실히 드러납니다. 요셉은 어떤 분위기와 환경에서도 자신의 심령과 마음을 다스릴 줄 아는 자가 되었습니다. 이것이 감옥에서 2년간 훈련받은 것입니다.

이제 그의 감옥 생활을 회고해 봅시다.

완전히 잊힌
하나님의 사람

이에 요셉의 주인이 그를 잡아 옥에 가두니 그 옥은 왕의 죄수를 가두는 곳이었더라 창 39:20a

1 그 후에 애굽 왕의 술 맡은 자와 떡 굽는 자가 그들의 주인 애굽 왕에게 범죄한지라 2 바로가 그 두 관원장 곧 술 맡은 관원장과 떡 굽는 관원장에게 노하여 3 그들을 친위대장의 집 안에 있는 옥에 가두니 곧 요셉이 갇힌 곳이라 창 40:1~3

보디발은 요셉을 왕의 죄수를 두는 곳에 가두었습니다. 친위대장 보디발의 집에 정치범 수용소가 있었던 것입니다. 그는 자기 아내가 요셉을 모함한 것을 분명히 알고 있었습니다. 정말로 요셉을 의심했다면 그를 죽였을 것입니다. 자기 아내에게 수치를 준 히브리 종을 그냥 놔 둘 리가 있습니까?

> ⁴ 친위대장이 요셉에게 그들을 수종들게 하매 요셉이 그들을 섬겼더라 그들이 갇힌 지 여러 날이라 ⁵ 옥에 갇힌 애굽 왕의 술 맡은 자와 떡 굽는 자 두 사람이 하룻밤에 꿈을 꾸니 각기 그 내용이 다르더라 ⁶ 아침에 요셉이 들어가 보니 그들에게 근심의 빛이 있는지라 ⁷ 요셉이 그 주인의 집에 자기와 함께 갇힌 바로의 신하들에게 묻되 어찌하여 오늘 당신들의 얼굴에 근심의 빛이 있나이까
>
> 창 40:4~7

보디발은 술 맡은 관원장과 떡 굽는 관원장이 정치범 수용소에 들어오자 요셉에게 그들을 섬기도록 지시했습니다. 요셉의 무죄를 알지만 상황상 어쩔 수 없이 가두어야 하니 잡범을 가두는 감옥이 아닌 정치범 수용소에 그를 보낸 것입니다.

고대 근동에서는 꿈을 국가나 개인의 미래를 점칠 수 있는 신의 계시로 여겼습니다. 술 맡은 관원장과 떡 굽는 관원장이 모두 꿈 때문에 근심하고 있었습니다. 요셉은 그들에게 어찌하여 얼굴에 근심이 있느냐고 묻습니다. "왜 이렇게 얼굴이 험악합니까?" 하고 물은 것입니다.

⁸ 그들이 그에게 이르되 우리가 꿈을 꾸었으나 이를 해석할 자가

없도다 요셉이 그들에게 이르되 해석은 하나님께 있지 아니하니
이까 청하건대 내게 이르소서 9 술 맡은 관원장이 그의 꿈을 요셉
에게 말하여 이르되 내가 꿈에 보니 내 앞에 포도나무가 있는데 10
그 나무에 세 가지가 있고 싹이 나서 꽃이 피고 포도송이가 익었고
11 내 손에 바로의 잔이 있기로 내가 포도를 따서 그 즙을 바로의
잔에 짜서 그 잔을 바로의 손에 드렸노라 창 40:8~11

술 맡은 관원장은 지금으로 말하자면 대통령 비서실장과 같은 자리
입니다. 술 맡은 관원장이나 떡 굽는 관원장이나 모두 왕의 최측근이었
습니다. 음식을 아무에게나 맡기지 않기 때문입니다. 그들은 가장 가까
운 곳에서 왕에게 조언하는 역할을 했습니다.

12 요셉이 그에게 이르되 그 해석이 이러하니 세 가지는 사흘이라
13 지금부터 사흘 안에 바로가 당신의 머리를 들고 당신의 전직을
회복시키리니 당신이 그 전에 술 맡은 자가 되었을 때에 하던 것
같이 바로의 잔을 그의 손에 드리게 되리이다 14 당신이 잘되시거
든 나를 생각하고 내게 은혜를 베풀어서 내 사정을 바로에게 아뢰
어 이 집에서 나를 건져 주소서 15 나는 히브리 땅에서 끌려온 자
요 여기서도 옥에 갇힐 일은 행하지 아니하였나이다 창 40:12~15

요셉이 매우 빠르게 해석해 냅니다. 술 맡은 관원장에게 "당신의 머
리", "당신의 전직", "당신이"(13절)를 강조하며 분명히 복직될 것을 강조

합니다. 그러고는 잘되었을 때 "나를 생각하고", "내게 은혜를 베풀어", "내 사정을 아뢰어", "나를 건져 주소서"(14절), '나는 끌려온 자요 옥에 갇힐 일은 하지 않았다'(15절)라고 말하며 "나"를 강조합니다. 자신을 기억해 달라는 간절함이 묻어 있습니다.

요셉은 친위대장 보디발의 아내를 덮치려고 했다는 혐의로 갇혔는데, 누가 그를 감옥에서 빼내 줄 수 있겠습니까? 보디발보다 지위가 높은 권력가라야 가능한 일입니다.

애굽 왕의 경호를 맡은 친위대장보다 더 높은 자가 감옥에 들어올 일이 얼마나 자주 있겠습니까? 대통령 비서실장과 국무총리가 감옥에 자주 드나든다면 제대로 된 나라겠습니까? 그런 일은 일어나기가 매우 어렵습니다.

그러므로 요셉은 술 맡은 관원장과의 만남을 하나님이 주신 절호의 기회로 여겼을 것입니다. 게다가 하나님은 꿈풀이까지 하게 해 주셨습니다. 꿈의 풀이는 하나님께 있는 것인데, 듣자마자 꿈을 풀 수 있게 된 것은 하나님의 도우심임을 요셉은 알고 있었습니다.

요셉은 술 맡은 관원장의 복직을 단언하며 자기를 잊지 말고 도와줄 것을 간곡히 청했습니다.

> 22 떡 굽는 관원장은 매달리니 요셉이 그들에게 해석함과 같이 되었으나 23 술 맡은 관원장이 요셉을 기억하지 못하고 그를 잊었더라 창 40:22~23

요셉의 꿈풀이대로 술 맡은 관원장이 풀려났습니다. 그러나 곧 요셉을 잊고 말았습니다. 히브리어에서 부정형을 만드는 금지명에 로(לא)와 알(אל)이 있습니다. '로'는 절대적이며 영원한 금지를, '알'은 즉각적이며 일시적인 금지를 의미합니다. '기억하지 못했다'에는 '로'가 쓰였으니, 직역하면 '완전히 기억하지 못했다'입니다.

요셉은 술 맡은 관원장의 꿈을 해석하면서 하나님이 자기를 돕기 위해 그를 보내 주셨다고 믿었을 것입니다. 실제로 하나님이 주신 기회가 맞았습니다. 다만 하나님이 인도하시는 방법이 그가 생각한 것과 달랐을 뿐입니다. 그는 술 맡은 관원장에게 '나를', '내게', '내', '나를', '나는'을 강조하며 자신을 기억해 주기를 간청했습니다. 하지만 그는 요셉을 완전히 잊어버렸습니다. 놀라울 지경입니다. 하나님은 요셉이 완전히 잊힌 채 2년 동안 감옥에 갇혀 있게 하셨습니다.

만약에 술 맡은 관원장이 요셉을 잊지 않고 곧 풀려나게 했다면, 요셉의 인생은 어떻게 되었을까요? 억울하게 누명을 쓴 히브리 노예가 가까스로 풀려나 그럭저럭 살아간 이야기로 마감했을 겁니다.

완전히 잊힌 요셉은 희망을 잃고 다시 감옥에서 기약 없는 끔찍한 세월을 보내야 했습니다. 2년 뒤 바로의 갑작스런 호출을 받게 될 줄은 꿈에도 몰랐지요. 만약 요셉이 절망하고 인생을 포기했다면 어떻게 됐을까요? 밤낮 술로 세월을 보냈다면, 근위병들이 갑자기 들이닥쳐 바로 앞에 끌려갈 때 고주망태 상태로 섰을지도 모릅니다.

그러나 요셉은 여전히 하나님을 붙잡고 묵상하며 하루하루를 살았습니다. 하나님이 그동안 그를 매끈하게 다듬어 주셨습니다. 그가 2년을 어떻게 보냈는지는 바로 앞에 선 모습을 보면 확연히 드러납니다. 그는 술에 취해 있지도 않았고, 허둥대거나 주눅 들지도 않았습니다. 불안해하는 바로를 오히려 위로하는 평온한 모습이었습니다. 하나님 앞에서 성실하게 살고자 몸부림치며 하루하루를 살아온 자의 모습입니다. 준비된 만큼 쓰임받는다는 것을 보여 줍니다.

나는 20대 청년기를 끔찍하게 보냈습니다. 인생의 7할쯤은 지하에서 햇빛을 보지 못한 채 생활했습니다. 대학도 제때 못 갔습니다. 교회에 갈 차비가 없어서 두 시간을 걸어 다니는 판국에 어떻게 대학을 가겠습니까? 대신 교회에서 청년부 리더 성경 공부를 하기로 작정했습니다.

그런데 리더 교육 두 번째 시간까지 듣고 때려치웠습니다. 책을 한 권씩 사서 읽고 요약한 후 복사해서 나눠 주고 발표해야 하는 과제 때문이었습니다. 차비가 없어서 걸어 다니는 사람이 책 살 돈이 있을 리 있겠습니까? 무슨 돈으로 책을 사며, 무슨 돈으로 복사해서 나눠 주겠습니까? 집안 사정으로 교육에서 빠지겠다고 했더니 "배울 수 있을 때 배워야지"라는 충고를 들었습니다. 누가 모릅니까? 몰라서 안 하는 게 아닙니다. 도저히 할 수 없는 사정이니까 못하는 것입니다.

"하나님, 이러실 수 있습니까? 돈이 없으면 성경 공부도 못하나요? 뭔 인생이 이래요."

머리끝까지 화가 치밀었습니다. 백수로서 딱히 할 일도 없던 나는 광화문에 있는 생명의말씀사까지 한 시간 반을 걸어갔습니다. 서점에 앉아 살펴보니 목사님들이 많이 사 가는 주석 책들이 눈에 띄었습니다. 그 책들을 닥치는 대로 읽고 성경에 옮겨 적었습니다.

돈이 없어서 김치도 없이 소금 간만 한 밀가루 수제비 한 그릇으로 끼니를 때우고, 그나마도 못 먹으면 수돗물로 배를 채우던 때입니다. 한 시간 반 거리의 서점을 오가면서 성경 구절을 암송하고 성경 역사를 외웠습니다. 그때부터 습관이 되어 지금도 성경에 빼곡하게 적으면서 공부하곤 합니다.

30세가 되어서야 신학교에 들어갔는데 다른 것은 몰라도 동기 중에 성경을 나만큼 많이 본 사람은 없었습니다. 한번은 어느 교수님이 그때까지 신학생 중에 맞힌 사람이 없다는 성경 문제를 냈는데 내가 맞히니 깜짝 놀라셨습니다. 신학대학원을 졸업할 때까지도 신학적으로 꼭 필요한 책 외에는 마음껏 책을 사 본 적이 없습니다. 한 시간 반을 걸어가서 허기진 배를 수돗물로 채우고 책을 읽다 돌아오면 '나는 왜 이렇게 살아야 하나' 하는 원망이 들곤 했습니다. 그러나 하나님 앞에 불평하기 싫어서 성경을 더 암송했고, 무식한 게 싫어서 성경을 더 많이 읽었습니다. 하나님이 기가 막히게 훈련시키신 것입니다.

만약 그때 청년부 리더 성경 공부를 했더라면 나는 거기에 만족했을 것입니다. 공부하고 싶은데 못하게 된 억울함과 성경마저 배울 수 없다는 비참함 때문에 더욱 분발했습니다. 어떻게 해서라도 배워야 했고 공부해야 했습니다. 그것밖에 할 수 있는 일이 없어서 성경을 많이 읽었고, 가르쳐 줄 사람이 없어서 한 시간 반 거리를 걸어가 서점에서 주석과 책들을 읽었습니다. 걸어가는 동안 힘들고 배고파서 더욱 기도에 매달렸고, 열심히 암송했습니다.

그런데 그것이 신학교에 가고, 목사가 되는 과정이었던 것을 누가 알았겠습니까? 그동안 성경 공부뿐 아니라 기도와 경건도 준비시키셨습니다. 그때 고통 가운데서도 말씀을 읽고 공부했기에 지금 이만큼 사역할 수 있고, 성경에 관한 책까지 낼 수 있는 것입니다.

하나님이 내게 왜 이런 상황을 주시는지 이해할 수가 없을 때가 있습니다. 그러나 이것만은 확실합니다. 하나님은 기막힌 인생 속에서 나를 만드시고, 나를 통해 하나님의 뜻을 이루시리라는 것입니다. 요셉의 2년은 잊힌 듯 보이나 잊힌 것이 아니었습니다.

요셉,

하루를 사는 데 성공한 사람

17 바로가 요셉에게 이르되 내가 꿈에 나일 강가에 서서 18 보니 살지고 아름다운 일곱 암소가 나일 강가에 올라와 갈밭에서 뜯어먹고 19 그 뒤에 또 약하고 심히 흉하고 파리한 일곱 암소가 올라오니 그같이 흉한 것들은 애굽 땅에서 내가 아직 보지 못한 것이라 20 그 파리하고 흉한 소가 처음의 일곱 살진 소를 먹었으며 21 먹었으나 먹은 듯하지 아니하고 여전히 흉하더라 내가 곧 깨었다가 22 다시 꿈에 보니 한 줄기에 무성하고 충실한 일곱 이삭이 나오고 23 그 후에 또 가늘고 동풍에 마른 일곱 이삭이 나더니 24 그 가는 이삭이 좋은 일곱 이삭을 삼키더라 내가 그 꿈을 점술가에게 말하였으나 그것을 내게 풀이해 주는 자가 없느니라 _창 41:17~24_

바로는 파리한 암소를 묘사할 때 "심히"(19절)를 덧붙였습니다. 얼마나 힘들었던지 꿈꾼 대로 얘기하지 않고 과장하기 시작한 것입니다. 자기의 꿈을 풀이해 주는 자가 아무도 없다고 요셉에게 넋두리하듯 말합니다.

> 25 요셉이 바로에게 아뢰되 바로의 꿈은 하나라 하나님이 그가 하실 일을 바로에게 보이심이니이다 26 일곱 좋은 암소는 일곱 해요 일곱 좋은 이삭도 일곱 해니 그 꿈은 하나라 27 그 후에 올라온 파리하고 흉한 일곱 소는 칠 년이요 동풍에 말라 속이 빈 일곱 이삭도 일곱 해 흉년이니 28 내가 바로에게 이르기를 하나님이 그가 하실 일을 바로에게 보이신다 함이 이것이라 29 온 애굽 땅에 일곱 해 큰 풍년이 있겠고 30 후에 일곱 해 흉년이 들므로 애굽 땅에 있던 풍년을 다 잊어버리게 되고 이 땅이 그 기근으로 망하리니 31 후에 든 그 흉년이 너무 심하므로 이전 풍년을 이 땅에서 기억하지 못하게 되리이다 32 바로께서 꿈을 두 번 겹쳐 꾸신 것은 하나님이 이 일을 정하셨음이라 하나님이 속히 행하시리니 <u>창 41:25~32</u>

"잊어버리게 되고"(30절)는 '무시하다, 망각하다'라는 뜻입니다. 풍년을 기억하지 못할 정도로 뒤에 올 흉년이 끔찍할 것이라는 뜻입니다. 이어 같은 의미로 "기억하지 못하게 되리이다"(31절)를 반복하여 씀으로써 더욱 강조합니다.

히브리 원문을 보면 요셉이 음악적 요소를 담은 경쾌한 운율에 따라 꿈을 풀이하고 있음을 알 수 있습니다.

> 33 이제 바로께서는 명철하고 지혜 있는 사람을 택하여 애굽 땅을 다스리게 하시고 34 바로께서는 또 이같이 행하사 나라 안에 감독관들을 두어 그 일곱 해 풍년에 애굽 땅의 오분의 일을 거두되 35 그들로 장차 올 풍년의 모든 곡물을 거두고 그 곡물을 바로의 손에 돌려 양식을 위하여 각 성읍에 쌓아 두게 하소서 36 이와 같이 그 곡물을 이 땅에 저장하여 애굽 땅에 임할 일곱 해 흉년에 대비하시면 땅이 이 흉년으로 말미암아 망하지 아니하리이다 _창 41:33~36_

꿈풀이를 마친 요셉이 해법까지 제시합니다. "이제"(33절)는 '바로, 즉각적으로'라는 뜻입니다.

'요셉처럼 꿈꾸는 사람이 되자'는 말은 요셉을 모독하는 말입니다. 그를 단순히 꿈을 해석해 주는 점쟁이쯤으로 여겨서는 안 됩니다. 만약 요셉이 꿈풀이를 하고 나서 "그러니 앞날을 대비하십시오" 하고 마무리했다면 어떻게 되었을까요? 바로가 "꿈풀이를 잘한 히브리 종이여, 감옥으로 다시 돌아가라" 했을 것입니다. 아니면 "꿈풀이를 잘했으니 상을 주어 내보내라" 했을 테지요.

그런데 요셉은 꿈풀이에 이어 바로 해결책을 제시합니다. 즉시 감독관을 세워 풍년이 드는 7년 동안 애굽 땅에서 추수한 곡식의 오분의 일을 세금으로 거두어야 한다고 조언합니다. 이것이 바로 요셉이 애굽의 총리가 되는 결정적인 이유입니다. 요셉은 꿈풀이를 넘어선 실력을 갖추고 있었고, 이 실력을 갖추기 위해서 13년간 훈련을 받았던 것입니다.

오분의 일이라는 계산은 그냥 나온 것이 아닙니다. 세금 징수를 하려면 인구와 국토 면적과 소작농 수 등 관련된 모든 것을 계산에 넣어야 합니다. 세금을 잘못 매기면 난리가 납니다. 그런데 감옥에 갇혀 있던 히브리인 청년이 애굽의 인구와 국토 면적과 소작농 수와 창고 규모까지 다 꿰고 계산해 낸 것입니다.

한낱 히브리 노예에 지나지 않는 요셉이 애굽의 주요 정보를 어떻게 알 수 있었을까요? 그가 갇힌 감옥은 친위대장 보디발의 집에 있는 정치범 수용소였습니다. 바로에게 잘못한 자들을 특별히 수용하는 곳이었습니다. 그래서 보디발보다 힘 있는 권력자들인 술 맡은 관원장이 들어왔던 것입니다. 잡범들이나 오는 감옥이 아니었다는 뜻입니다. 감옥에서 나가면 다시 권력을 쥐게 될 인물들이죠. 그곳에서 요셉은 그들에게서 정치, 경제 이야기를 들었을 것입니다. 만약 요셉이 일반 죄수들이 가는 감옥에 갇혔다면 온갖 쓸데없는 것만 배웠을지도 모릅니다.

현재 미국이 전 세계를 이끌어가듯이 당시는 애굽이 세계를 주도했습니다. 애굽의 정치와 경제를 좌지우지하던 이들을 그 안에서 만난 것입니다. 그리고 그들이 나누는 이야기를 통해 애굽의 지리, 조세 제도, 인구 등 통치와 관련된 제반 사항을 파악할 수 있었습니다. 한마디로 요셉은 당대 최고의 정치, 경제 학교에 입학한 셈입니다.

게다가 정치범 수용소에 들어온 고관들과 인맥을 형성할 수 있었습니다. 요셉을 바로에게 추천한 것도 술 맡은 관원장입니다. 정치는 혼자 할 수 없습니다. 요셉이 수종 드는 감옥을 거친 관리들은 요셉을 지지했을 것입니다. 그곳에서 그의 지혜롭고 성실한 면모를 익히 보고 알았기 때문입니다. 요셉은 감옥 안에서 완벽하게 준비되었습니다.

이것이 놀라운 하나님의 역사입니다. 어떻게 감옥이 애굽을 다스릴 총리를 기르는 최고의 훈련소가 되리라고 생각할 수 있었겠습니까? 사람이 보기에 허망해 보여도 하나님의 사람으로서 훈련받는 최고의 장소일 수 있다는 것을 기억하기 바랍니다.

하나님은 모세를 들어 사용하시기 전에, 왕궁에서 40년간 나라를 다스리는 질서와 제도를 익히도록 하고, 성경을 쓸 수 있도록 글을 배우게 하셨습니다. 그리고 광야에서 40년 동안 살면서 이스라엘 백성을 이끌고 광야에서 생활할 수 있도록 가르치셨습니다. 모세는 광야에서 보낸 40년을 쓸모없다고 생각했을 수 있지만, 실제로는 이스라엘 백성을 인도하기 위해 먼저 훈련받은 시간이었습니다. 그렇게 80년이 다 채워지고 나서야 모세를 애굽으로 보내셨습니다.

요셉도 이와 같습니다. 보디발의 집에서 가정 총무로 일하며 애굽 귀족의 예의, 격식, 문화 등을 배우고, 감옥에 가서 정치와 경제를 듣고 배우게 하셨습니다. 그뿐 아니라 정치범 수용소에서 모든 일을 맡게 하여 고관들을 한 명 한 명 만나 인맥을 쌓게 하셨습니다. 요셉이 모든 과정을 잘 마치자 하나님이 드디어 그를 이끌어 세상에 모습을 드러내게 하셨습니다. 바로와 애굽의 신하들 앞에 준비된 모습으로 서서 모두가 만족할 만한 조세법을 내어 놓은 것입니다.

37 바로와 그의 모든 신하가 이 일을 좋게 여긴지라 38 바로가 그

의 신하들에게 이르되 이와 같이 하나님의 영에 감동된 사람을 우리가 어찌 찾을 수 있으리요 하고 39 요셉에게 이르되 하나님이 이 모든 것을 네게 보이셨으니 너와 같이 명철하고 지혜 있는 자가 없도다 40 너는 내 집을 다스리라 내 백성이 다 네 명령에 복종하리니 내가 너보다 높은 것은 내 왕좌뿐이니라 41 바로가 또 요셉에게 이르되 내가 너를 애굽 온 땅의 총리가 되게 하노라 하고 42 자기의 인장 반지를 빼어 요셉의 손에 끼우고 그에게 세마포 옷을 입히고 금 사슬을 목에 걸고 43 자기에게 있는 버금 수레에 그를 태우매 무리가 그의 앞에서 소리 지르기를 엎드리라 하더라 바로가 그에게 애굽 전국을 총리로 다스리게 하였더라 44 바로가 요셉에게 이르되 나는 바로라 애굽 온 땅에서 네 허락이 없이는 수족을 놀릴 자가 없으리라 하고 _창 41:37~44_

바로와 모든 신하들이 놀랐습니다. 바로가 요셉에게 "너와 같이 명철하고 지혜 있는 자가 없다"고 말할 정도입니다. 애굽 최고의 경제 전문가들도 요셉을 보고 놀랐을 것입니다. 그들은 요셉을 하나님의 영에 감동된 사람으로 봤습니다.

요셉은 수감 중인 히브리 청년에 불과합니다. 꿈풀이를 아무리 잘해도 대국의 권력을 맡길 수는 없습니다. 대기업에서 어려운 상황에 점쟁이에게 큰 도움을 받았다고 해서 회사의 경영권을 맡깁니까? 점쟁이는 점쟁이일 뿐입니다. 그런데 하나님이 바로와 그 신하들로 하여금 요셉이 단순히 꿈풀이를 잘하는 점쟁이가 아닌 지혜롭고 명철한 인물임을 알아보게 하셨습니다.

요셉이 어떻게 해서 여느 노예들과는 달리 보일 수 있었을까요? 그는 보디발의 집에서 가정 총무로 일했습니다. 가정 총무에게는 많은 종을 관리하는 일도 중요하지만, 무엇보다 친위대장 보디발의 집을 드나드는 많은 귀족들을 맞이하고 접대하는 의전을 담당하는 일이 더 중요했습니다. 가정 총무로 일하면서 요셉은 애굽 귀족의 예절과 문화를 배우고 익혔습니다.

덕분에 요셉의 걸음걸이는 종들과 달랐고, 말투도 촌놈의 말투가 아니었습니다. 몸짓이나 말투가 상스러운 사람에게 바로가 인장 반지를 주겠습니까?

하나님은 요셉이 비록 보디발의 집에서 노예로 일하지만 귀족 사회의 모든 것을 배우게 하셨습니다. 총리가 되기 위한 만반의 준비를 세밀하게 하신 것입니다. 다른 귀족들이 봐도 요셉은 훈련되고 배운 자로 보였고, 말투와 걸음걸이까지 흠잡을 데가 없었습니다.

말투 때문에 팔려 갔던 요셉입니다. 형들이 그의 말과 말투 때문에 몹시 불편해 했는데도 정작 본인은 아무 눈치도 채지 못했습니다. 자기밖에 모르는 자에게 어떻게 권력을 주겠습니까? 그러나 이제 요셉은 달라졌습니다. 애굽 왕의 불안을 한눈에 읽고 꿈풀이를 평안히 받으라는 위로를 건넬 수 있는 자가 되었습니다. 바로가 보기에 요셉은 믿을 만했습니다. 감옥에서 나온 자 같지 않았습니다.

요셉은 내면이 숙성된 사람입니다. 바로 그 점이 멋있습니다. 당신의 신앙이 숙성되는 것을 방해하여 끓어오르게 하는 것이 무엇인지 점검해야 합니다. 외부 상황과 상관없이 내면에서 하나님께 나아가는 싸움을 해야 합니다. 바로 이 부분에서 요셉은 승리했습니다.

하나님의 사람은 그냥 만들어지지 않습니다. 오랜 훈련을 통해 요셉이 만들어졌습니다. 형들에 의해 애굽으로 팔려 갔던 17세 철부지 소년 요셉이 13년 노예살이 끝에 애굽의 총리가 되었습니다. 꿈을 주어도 이해하지 못하던 철부지 요셉을 하나님이 보디발의 집 감옥에서 2년 동안 말끔하게 다듬어 내셨습니다.

그 결과, 바로와 그의 신하들이 "이와 같이 하나님의 영에 감동된 사람을 우리가 어찌 찾을 수 있으리요"(창 41:38)라고 고백할 만큼 요셉이 성장했습니다. 세상 사람들한테 이런 칭찬을 받다니 멋지지 않습니까? 요셉은 감옥에 갇혀 있는 동안 하나님이 세상에 드러내고 싶을 만큼 멋진 사람으로 성장했습니다. 하나님께 나를 써 달라고 기도하기 전에 하나님이 마음껏 쓰실 수 있는 사람으로 기꺼이 훈련받겠다는 각오부터 하십시오.

요셉의
신앙고백

45 그가 요셉의 이름을 사브낫바네아라 하고 또 온의 제사장 보디베라의 딸 아스낫을 그에게 주어 아내로 삼게 하니라 요셉이 나가 애굽 온 땅을 순찰하니라 46 요셉이 애굽 왕 바로 앞에 설 때에 삼

십 세라 그가 바로 앞을 떠나 애굽 온 땅을 순찰하니 47 일곱 해 풍
년에 토지 소출이 심히 많은지라 48 요셉이 애굽 땅에 있는 그 칠
년 곡물을 거두어 각 성에 저장하되 각 성읍 주위의 밭의 곡물을
그 성읍 중에 쌓아 두매 49 쌓아 둔 곡식이 바다 모래같이 심히 많
아 세기를 그쳤으니 그 수가 한이 없음이었더라 50 흉년이 들기 전
에 요셉에게 두 아들이 나되 곧 온의 제사장 보디베라의 딸 아스낫
이 그에게서 낳은지라 51 요셉이 그의 장남의 이름을 므낫세라 하
였으니 하나님이 내게 내 모든 고난과 내 아버지의 온 집 일을 잊
어버리게 하셨다 함이요 52 차남의 이름을 에브라임이라 하였으니
하나님이 나를 내가 수고한 땅에서 번성하게 하셨다 함이었더라

창 41:45~52

바로가 요셉을 총리로 임명하며 '은밀한 것을 열어 보이는 자'라는
뜻의 '사브낫바네아'라는 이름을 주었습니다. 요셉은 자기 일을 열심히
하며 풍년에 곡식을 저장해 놓습니다. 그리고 제사장의 딸과 결혼하여
아들을 둘 낳았습니다. 므낫세와 에브라임입니다.

요즘 성은 다른데 형제가 아닐까 착각하게 하는 이름들이 많이 보입
니다. 하람, 하준같이 '하나님'의 '하'를 딴 돌림자를 쓴 이름이나 예준,
예지같이 '예수님'의 '예'자 돌림을 쓴 이름이 많습니다. 또한 '한나'나
'요한'같이 성경 속 인물의 이름이 교회마다 한두 명씩은 있습니다. 자
녀가 하나님, 예수님 안에서 살기를 원하는 부모의 신앙고백이 담긴 이
름입니다.

특히 히브리인들은 이름을 상당히 중요하게 여겼습니다. 요셉이 애굽의 총리가 된 후에 하나님의 은혜로 가정을 이루고 두 아들을 낳았는데, 그 이름을 므낫세와 에브라임으로 지었습니다. 자녀의 이름에 담긴 요셉의 신앙고백을 기억해야 합니다.

므낫세는 '잊어버리다'라는 뜻으로 '하나님이 잊어버리게 하셨다'는 고백이고, 에브라임은 '찬송하다'라는 뜻으로 '하나님이 찬송하게 하셨다'는 고백입니다. 단순한 이름이 아닙니다. 애굽에 팔려 간 후 13년간 요셉이 겪은 끔찍한 삶이 응축된 신앙고백이 담겨 있는 이름입니다. 우리의 신앙고백이 이와 같아야 합니다.

신앙은 자기 능력과 실력으로 지켜 가는 것이 아닙니다. 하나님을 의지함으로써 하나님의 은혜가 드러나야 합니다. 하나님만 의지하고 하나님의 일하심을 기대하며 사는 자를 하나님이 긍휼히 여기십니다. 그런 사람의 기도 속에서 하나님이 일하십니다.

"하나님이 나의 고통을 잊게 하셨습니다. 하나님이 나로 찬송하게 하셨습니다."

"하나님이 하셨습니다"는 그리스도인의 아름다운 고백입니다.

이 고백이 아름다운 것은 단순한 입술의 고백이 아니기 때문입니다. 하나님이 하셨다고 고백하기까지 긴 기다림과 순종의 삶을 살았기에 할 수 있는 것입니다. 하나님이 하실 것을 믿기에 인내하며 살았고, 하나님이 영광받으실 것을 알기에 오늘을 살아 냅니다.

한 사람의 올바른 신앙은 그의 복으로만 끝나지 않습니다. 요셉 한 사람이 바르게 서자 그의 가정과 나라가 복을 받았습니다. 성도는 복의 통로이기 때문입니다. 소돔과 고모라는 의인 열 명이 없어서 멸망했습니다. 하나님은 소돔과 고모라에서 의인을 찾으면 그들을 위하여 온 지역을 용서하겠다고 하시는 분입니다. 그러므로 혼자서라도 믿음의 길을 가야 합니다. 요셉 덕분에 애굽 전체가 복을 받았듯이 하나님을 바라보는 한 사람으로 말미암아 그가 속한 가정과 교회와 민족이 복을 받을 것입니다.

그때에 준비되어 있는가?

은혜는 한 가지입니다. 하나님을 붙잡는가 아닌가입니다. 하나님을 붙잡으면 고난을 견딜 수 있고, 기도하면 시련을 이겨 낼 수 있습니다. 고난의 시간이 지나면 하나님의 일하심이 드러납니다. 그 과정이 끝날 때까지는 아무도 모릅니다. 17세 철부지 소년 요셉이 13년의 과정을 잘 견뎌 냈습니다.

53 애굽 땅에 일곱 해 풍년이 그치고 54 요셉의 말과 같이 일곱 해 흉년이 들기 시작하매 각국에는 기근이 있으나 애굽 온 땅에는 먹을 것이 있더니 55 애굽 온 땅이 굶주리매 백성이 바로에게 부르짖어 양식을 구하는지라 바로가 애굽 모든 백성에게 이르되 요셉에게 가서 그가 너희에게 이르는 대로 하라 하니라 56 온 지면에 기근이 있으매 요셉이 모든 창고를 열고 애굽 백성에게 팔새 애굽 땅

에 기근이 심하며 57 각국 백성도 양식을 사려고 애굽으로 들어와
요셉에게 이르렀으니 기근이 온 세상에 심함이었더라 _{창 41:53~57}

하나님은 약속을 지키십니다. "그치고"(53절)는 '완료되었다'는 뜻입
니다. '요셉'이 강조되고 있습니다. 요셉에게 약속했던 7년 풍년이 끝났
습니다. 완료된 것입니다. 이제 혹독한 흉년이 시작될 것입니다. 이전
풍년이 잊힐 만큼 엄청난 재앙이 다가옵니다. 그런데 풍년이 끝나고 재
앙이 다가올 그때 요셉은 준비되어 있었습니다.

"요셉의 말과 같이"(54절), "요셉에게 가서"(55절), "요셉에게 이르렀으
니"(57절). 한결같이 기근을 준비해 온 요셉을 강조하고 있습니다.

나는 청년 시절을 어렵게 보냈습니다. 아무것도 안 하고 포기한 적
도 있고, 원망과 불평으로 시간을 흘려보내기도 했습니다. 그러면서 인
생에서 배운 것이 있습니다. 누가 봐도 안타깝고 한탄할 만한 상황이
었지만, 시간이 지나고 나서 보니 결국 손해 보는 것은 나 자신임을 깨
달았습니다. 실력 없는 나, 감사가 무너진 자신만 남아 있었습니다. 원
망만 하고 가만히 있으면 아무것도 달라질 게 없다는 것을 배웠습니다.
인생을 바꾸려면 원망과 불평 대신 무언가를 해야 한다는 것을 알았습
니다. 그야말로 뼈저리게 깨달았습니다.

나는 할 수 있는 일을 찾아서 움직이기 시작했습니다. 기도했고 말
씀을 읽었으며 이를 악물고 봉사했습니다. 책도 읽기 시작했습니다. 그
러자 내 인생에서 하나님이 역사하시고, 복을 주시며, 변화가 일어나기
시작했습니다.

이해할 수 없는 환경과 인생의 환란은 분명히 당신 잘못이 아닙니다. 잠시 앉아서 원망할 수 있지만, 계속 그렇게 산다면 그때부터는 당신의 문제입니다. 의지가 삶에 반영되기 때문입니다.

사역하는 후배들이 힘들어서 내게 찾아와 자기 인생의 쓴 뿌리 때문에 힘들고 환경 때문에 지친다고 푸념하면 매몰차게 대할 때가 있습니다. 그러면 자기를 위로해 주지 않는다며 섭섭하다고 말합니다. 위로해서 변화된다면 위로하겠습니다. 기다려 주고 다독거려서 주님 앞에 나온다면야 기꺼이 다독이겠습니다. 그런데 위로와 다독임이 때로는 그 사람을 더 좋지 않게 만든다는 것을 압니까? 말로 위로해 주고 끝내는 것만큼 쉬운 것이 없습니다.

나는 정신 차리고 감정에 빠지지 말라고 충고합니다. 자기연민에 빠질 시간에 하나님을 바라보고 기도하라고 합니다. 그래야 그 사람을 통해서 하나님이 일하실 수 있기 때문입니다. 그 사람을 살리기 위해서라도 달콤한 위로만 해줄 수는 없기 때문입니다.

위로의 말로는 안 되는 것이 있습니다. 훌륭한 삶은 실력이 뒷받침해 주어야 합니다. 주어진 시간을 원망과 한탄으로 보내서는 아무것도 변하지 않습니다. 눈물과 한숨과 땀으로 삶을 처절하게 채워야 합니다.

왜 부모가 자식을 혼내겠습니까? 왜 하나님이 요셉의 기도에 응답을 안 하시고 2년 동안 감옥에서 살게 하셨습니까? 요셉을 실력 있는 자로 만들기 위해서였습니다. 그래야 그를 통해 하나님이 일하실 수 있습니다.

"네가 네 하나님 여호와의 말씀을 청종하면 이 모든 복이 네게 임하며 네게 이르리니"(신 28:2), "네가 들어와도 복을 받고 나가도 복을 받을 것이니라"(신 28:6)라고 했습니다. 그런데 신명기 28장에서 들려주시는 여호와의 말씀의 대부분이 저주입니다. 하나님이 우리를 저주하고 싶어서 그러시는 걸까요? 아닙니다. 잘 키우려고 그러시는 것입니다. 하나님이 죽이시면 그냥 죽고 끝나는 것이죠. 하나님은 우리를 죽이는 대신에 잔소리를 퍼부으십니다.

모든 피조물은 하나님이 허락한 시간과 공간 속에서만 살아갑니다. 하나님이 주신 시간은 누구에게나 공평하게 흘러가지만, 그 시간을 어떻게 보내는가는 다른 문제입니다. 나는 시간의 무서움을 배웠습니다. 2~3년이 순식간에 흘러가고 그 공백이 인생에 큰 차이를 만들어 내는 것을 배웠습니다.

자신에게 주어진 하루를 어떻게 사는가는 매우 중요한 문제입니다. 하루를 잘 살아 내야 합니다. 하나님은 하나님의 일을 언제나 이루십니다. 하나님의 때는 분명히 다가오지만, 그때 준비되어 있는가는 훈련에 달려 있습니다.

하나님이 정하신 시간은 하나님의 때에 정확히 찾아옵니다. 하나님의 때를 기다리며 훈련과 인내로 살아가는 것이 우리에게 주어진 과제입니다.

신앙은 주어진 시간을 어떻게 쓰느냐의 싸움입니다. 시간 관리는 쉽지 않습니다. 시간을 잘 보내야 합니다. 한번은 '사탄의 가장 큰 공격은 어떤 것일까?'를 두고 이야기를 나눈 적이 있습니다. 여러 가지 죄의 공격이 나왔습니다. 윤리·도덕적인 문제들이 매우 구체적으로 거론되었습니다. 많은 성도가 성문제와 물질의 유혹에 관해 말했습니다. 그러나 우리는 보이는 현상적인 것이 문제가 아니라는 결론에 도달했습니다.

사탄의 가장 큰 공격은 바로 나태입니다. 여유와 나태는 다릅니다. 일중독이 되라는 뜻이 아닙니다. 나태는 시간에 침투한 암세포입니다. 가만 놔두면 인생을 좀먹습니다. 나태해지면 어떤 공격에도 치명상을 입습니다. 나태해지면 허송세월합니다.

요셉은 흉년을 대비했기에 재앙을 넘길 수 있었습니다. 준비되지 않았다면 끔찍한 재앙을 당했을 겁니다. 결국, 중요한 것은 재앙이 아니라 준비입니다. 준비되지 않은 자에게 재앙은 그야말로 재앙이 될 것이며, 준비된 자에게 재앙은 은혜를 경험하는 기회가 될 것입니다.

그러므로 환경과 사람을 탓하지만 말고, 오늘 하루를 잘 살기 바랍니다. 하나님 앞에서 자신이 할 수 있는 일을 하십시오. "울며 씨를 뿌리러 나가는 자는 반드시 기쁨으로 그 곡식 단을 가지고 돌아오리로다"(시 126:6)라고 했습니다. 하나님이 주신 시간 동안 울며 씨를 뿌리길 바랍니다.

시간이란 무서운 것입니다. 누구에게나 공평하게 주어진 만큼 시간을 되돌릴 수 있는 사람은 아무도 없습니다. 한번 뱉은 말은 돌이킬 수 없습니다. 후회해도 소용이 없습니다. 주어진 시간에 해야 할 일을 놓쳐서는 안 됩니다. 시간의 두려움을 회피하지 마십시오.

돌이켜야 할 때 돌이키지 못하고, 자라야 할 때 자라지 못하면 수치를 당합니다.

요셉의 인생에서 하나님의 일하심을 볼 수 있지 않습니까? 하나님은 인생을 통해 일하십니다. 끔찍한 연단 속에서 요셉을 다듬으셔서 세상에 내놓으신 하나님입니다. 요셉 한 사람만을 위한 연단이 아닙니다. 그의 가정과 공동체와 하나님의 나라를 위해 만나는 모든 사람을 살리고, 복의 통로로서 살아가게 하려는 연단입니다.

Part 2

앞서 보내
뜻을
성취하신다

chapter 3

인생을 다듬어
세상에 내놓으시다

형제들,

22년 만에 다시 만나다

¹ 그때에 야곱이 애굽에 곡식이 있음을 보고 아들들에게 이르되 너희는 어찌하여 서로 바라보고만 있느냐 ² 야곱이 또 이르되 내가 들은즉 저 애굽에 곡식이 있다 하니 너희는 그리로 가서 거기서 우리를 위하여 사오라 그러면 우리가 살고 죽지 아니하리라 하매 ³ 요셉의 형 열 사람이 애굽에서 곡식을 사려고 내려갔으나 ⁴ 야곱이 요셉의 아우 베냐민은 그의 형들과 함께 보내지 아니하였으니 이는 그의 생각에 재난이 그에게 미칠까 두려워함이었더라

창 42:1~4

야곱이 아들들에게 애굽에서 곡식을 사 오라고 재촉합니다. 헤브론에서 애굽까지는 400km인데, 서울에서 부산까지 정도의 거리입니다. 부지런히 걸어도 10일 이상 걸리는 만큼, 한 사람이라도 더 가서 곡식을 사 와야 안심이 될 텐데 야곱은 베냐민을 보내지 않습니다.

왜냐하면, "재난이 그에게 미칠까 두려워"(4절)했기 때문입니다. 직역하면, '치명적인 사고가 그(베냐민)를 우연히 마주치지 않도록'이라는 뜻입니다. 요셉을 형들에게 심부름 보냈다가 잃은 기억 때문에 베냐민을 차마 보내지 못한 것입니다.

요셉이 17세에 팔려 가서 13년 노예생활 끝에 7년 풍년을 지나고 흉년이 2년째 접어들 때 야곱이 아들들을 애굽으로 보냈으니, 요셉과 헤어진 지 22년이 됩니다. 야곱은 지난 22년 동안 요셉이 자기 때문에 심 승에게 찢겨 죽었다고 생각하면서 죄책감에 시달렸을 것입니다. 혹시 나 베냐민마저 잃으면 라헬이 낳은 자식을 모두 잃게 되는 것이니 보 낼 수가 없었던 것입니다.

요셉을 잃은 야곱이 막내 베냐민을 얼마나 사랑했겠습니까? 온통 신경이 베냐민에게 집중되었을 것입니다.

베냐민은 앞으로 벌어질 이야기에서 매우 결정적인 존재입니다. 요 셉이 펼칠 모든 증명이 베냐민에게 달려 있기 때문입니다.

> 이스라엘의 아들들이 양식 사러 간 자 중에 있으니 가나안 땅에 기 근이 있음이라 창 42:5

앞서 "야곱이"(1절), "야곱이"(2절), "야곱이"(4절) 계속 나오다가 5절에 불쑥 "이스라엘"이 등장합니다.

야곱에는 '약탈자'라는 뜻이 들어 있습니다. 그러나 얍복 나루에서 하나님과 씨름하고 나서 새 이름 "이스라엘"(창 32:28)을 얻습니다. 훗날 이 이름은 야곱 개인의 이름을 넘어서 국호가 됩니다. 이스라엘은 야곱 이후 믿음의 후손으로 선택받은 모든 이들의 대표 이름이 된 것입니다.

성경은 야곱과 이스라엘을 번갈아 사용합니다. 야곱이 등장하면 언 약의 후계자가 아닌 야곱 개인을 가리키는 것으로 보면 됩니다. 그러나 이스라엘이란 이름이 나오면 하나님의 언약 백성과 연결된 내용으로 볼 수 있습니다.

"이스라엘의 아들들"이라고 쓴 것은, 기근 때문에 야곱의 아들들이 애굽에 내려가 곡식을 사 오는 것이 야곱 가문의 사적인 이야기처럼 보이지만, 실은 하나님이 언약 백성을 보호하시는 역사 속에서 벌어진 일이라는 뜻입니다.

형들이 요셉 앞에서 땅에 엎드려 절했습니다. 이때 '절하다'(6절)의 히브리어 단어는 옛날 요셉의 꿈에서 곡식 단이 둘러서서 절할 때(창 37:7)와 해와 달과 열한 별이 절할 때(창 37:9) 쓰인 단어와 같습니다. 하나님이 주신 꿈대로 이루어진 것입니다. 요셉은 그들이 절할 때 22년 전에 꾸었던 꿈을 생각해 냈습니다. "생각하고"(9a절)는 '주의를 기울이다'라는 뜻입니다.

요셉은 22년이 흐른 뒤에도 어릴 때 꾸었던 꿈이 생생하게 떠올랐습니다. 하나님이 주신 꿈은 매우 선명하고 정확합니다. 선명한 꿈을 주셨지만 그 의미를 모를 때도 있습니다. 그러나 때가 되면 의문이 풀리게 마련입니다.

요셉은 형들을 한눈에 알아봤습니다. 22년 전에 자기를 노예로 팔아 넘긴 자들입니다. 빈 구덩이에서 울고 있을 때 그 옆에서 음식을 나눠 먹던 무심한 형들입니다. 그런데 바로 그 순간에 하나님이 예전에 꾸었던 꿈을 생각하게 하셨습니다.

요셉에게 꿈은 모든 일이 하나님의 주권과 능력으로 이루어진 것임을 알려 주는 것이었습니다. 술 맡은 관원장과 떡 굽는 관원장의 꿈이 그랬고, 바로의 꿈도 그러했습니다. 그는 지금까지 모든 일이 하나님의 주권으로 이루어진 것임을 직감했습니다. 꿈이 바로 그 증거입니다. 꿈은 내 뜻대로 되지 않습니다. 하나님이 주셔야 꿈을 꿀 수 있습니다. 요셉은 하나님이 그를 애굽의 총리로 세워 주신 것으로 꿈이 다 이루어진 것이 아님을 알았습니다. 이제 꿈이 실현되는 것을 보고 주의를 기울였습니다. 꿈에 집중했다는 뜻입니다.

> 그들에게 이르되 너희는 정탐꾼들이라 이 나라의 틈을 엿보려고
> 왔느니라 창 42:9b

요셉은 짐짓 형들을 모른 체하고 엄한 소리로 말했습니다. 거칠고 혹독하게 대했다는 뜻입니다.

요셉은 모든 것이 하나님의 주권하에 이루어진 일임을 알면서도 형들을 정탐꾼으로 몰아붙였습니다. 복수하는 것처럼 보일 수도 있지만 이것은 복수가 아닙니다. 요셉은 형들에게 확인할 것이 있었습니다.

¹⁰ 그들이 그에게 이르되 내 주여 아니니이다 당신의 종들은 곡물을 사러 왔나이다 ¹¹ 우리는 다 한 사람의 아들들로서 확실한 자들이니 당신의 종들은 정탐꾼이 아니니이다 … ¹³ 그들이 이르되 당신의 종 우리들은 열두 형제로서 가나안 땅 한 사람의 아들들이라 막내 아들은 오늘 아버지와 함께 있고 또 하나는 없어졌나이다

창 42:10~11, 13

형들은 요셉의 추궁을 부인하며 스스로 "확실한 자들"(11절)이라고 말합니다. '정직한 사람'이라는 뜻입니다.

요셉이 형들을 정탐꾼으로 몰아붙이며 다그쳐도 형들은 요셉을 알아보지 못합니다. 자신들은 곡물을 사러 왔을 뿐이라고 대답하며 원래 열두 형제인데, 한 명은 아버지와 있고 또 한 명은 '없어졌다'(13절)고 말하는데, '죽었다'는 뜻입니다. 그들은 요셉이 죽었을 것으로 믿었던 것입니다.

¹² 요셉이 그들에게 이르되 아니라 너희가 이 나라의 틈을 엿보러 왔느니라 … ¹⁴ 요셉이 그들에게 이르되 내가 너희에게 이르기를 너희는 정탐꾼들이라 한 말이 이것이니라 ¹⁵ 너희는 이같이 하여 너희 진실함을 증명할 것이라 바로의 생명으로 맹세하노니 너희 막내 아우가 여기 오지 아니하면 너희가 여기서 나가지 못하리라

창 42:12, 14~15

요셉은 형들에게 막내 동생을 데려와 그들의 진실함을 증명하라고 합니다.

요셉이 기억하는 형들은 "확실한 자", 즉 정직한 자가 아닙니다. 22년 전, 아버지의 총애를 받는 동생을 시기한 나머지 모두가 한마음이 되어 동생을 노예로 팔아넘긴 무자비한 사람들입니다. 아버지에게 거짓말하고 사악한 짓을 하며 아버지의 양을 훔치던 자들입니다. 아버지에게 사실을 알렸다는 이유만으로 자기를 미워했던 사람들입니다. 그들의 말을 어떻게 믿을 수 있겠습니까?

믿음의 대를 잇는 야곱의 아들은 모두 이미 선택받은 자, 즉 성도입니다. 성도에는 두 가지 뜻이 있습니다. 긍정적인 뜻은 구별된 자이고, 부정적인 뜻은 천하의 악질, 저질, 악당입니다. 얼마나 악질인지 예수 그리스도를 십자가에 못 박아 죽여야만 살 수 있는, 죄에 찌든 자라는 뜻입니다.

성도는 구별되어서 하나님의 자녀 신분인데 수준은 아직 저질인 것입니다. 성화란 저질의 성도가 하나님의 자녀로 지어져 가는 과정입니다. 삶의 방식을 바꿔야 하고, 하나님이 기뻐하시는 것을 지켜야 합니다. 예배드릴 때는 어떠해야 하는지도 배웁니다. 하나님 나라의 왕자와 공주 만들기입니다.

설교를 들을 때마다 불편하지 않습니까? 사사건건 안 된다고 잔소리하는 것처럼 들리지 않습니까? 아이들도 한 살까지는 다 받아 주지만, 한 살부터 네 살까지는 안 되는 것을 집중적으로 가르칩니다. 그냥 내버려두면 집 안을 엉망으로 만들 뿐만 아니라 안전사고도 염려되기 때문입니다. 인내를 통과해서 멋지고 명예로운 사람으로 성장해야 합니다. 그 전까지는 모두가 어리석고 모자란 저질 악당일 뿐입니다.

나도 마찬가지입니다. 언젠가 노회에서 전도사와 강도사를 훈련시키는 역할을 맡았습니다. 마침 동기 중에 한 명이 유학에서 돌아왔는데 목사 안수를 신청했습니다. 안수를 받으려면 교회의 청빙을 받아야 하는데 그때는 아직 받지 못한 상태였습니다. 그래서 노회에서 안수를 해줄 수 없었습니다. 내가 그의 상황을 노회에 설명하고, 보증을 섬으로써 안수를 무사히 받을 수 있게 되었습니다.

내가 도운 것을 전혀 모르는 동기 목사가 사람들에게 "하나님의 은혜로 어렵사리 안수를 받았다"며 자기가 얼마나 형통하며 하나님의 사랑을 크게 받았는지를 간증했습니다. 그때 '속사정은 주님이 아십니다' 하고 지나쳤어야 하는데, 그 자리에서 그만 "그거 내가 얘기해 줘서 된 거야"라고 말해 버린 것입니다.

그러자 동기 목사가 "형님이 해준 거예요? 고마워요" 하고 짧게 인사했습니다. 고작 그 한마디를 듣자고, 내가 왜 바보짓을 했을까요? "내가 했다"는 말 한마디 때문에 명예를 날려 버렸습니다. 꾹 참고 지나쳤더라면, 그날 밤 하나님 앞에 기도할 때 얼마나 멋졌겠습니까? "하나님, 제가 잘했죠?"라고 할 수 있었을 텐데…. 늘 이렇게 유치하고 모자랍니다.

멋지고 명예로운 성도가 되기 위해서는 인내하고 훈련받으며 기다릴 줄 알아야 합니다. 요셉은 멋진 모습으로 성장했고, 명예로운 자로 다듬어졌습니다.

> [16] 너희 중 하나를 보내어 너희 아우를 데려오게 하고 너희는 갇
> 히어 있으라 내가 너희의 말을 시험하여 너희 중에 진실이 있는
> 지 보리라 바로의 생명으로 맹세하노니 그리하지 아니하면 너희
> 는 과연 정탐꾼이니라 하고 [17] 그들을 다 함께 삼 일을 가두었더라
>
> 창 42:16~17

요셉은 형들 속에 "진실"(16절)이 있는지 보고 싶었습니다. 여기서 '진실'은 '아멘'에서 파생된 단어입니다. 기도할 때 '아멘' 하는 것은 '저도 진실로 이 기도를 생각합니다'라는 고백입니다. 번역본에 따라 이 단어를 '확고함, 성실성, 정직성'으로 해석하기도 합니다. 형들 안에 이러한 것들이 있는지 확인하겠다는 것입니다. 그리고 그들을 3일간 가둡니다.

요셉은 형들에게 확인하고 싶은 것이 있었습니다. 예전처럼 형들이 거짓말하고 있는 것은 아닌지 알고 싶었습니다. 그의 요구는 과거에 자신에게 했던 짓을 회개하라는 것이 아니었습니다. 베냐민을 데려옴으로써 형들이 정말로 진실하고 확실한 사람인지를 증명하라는 것입니다. 과연 형들 속에 진실이 있는가, 이것이 베냐민을 데려오라는 시험의 목적입니다.

그런데 왜 베냐민을 데려와야만 했을까요? 베냐민도 요셉처럼 아버

지의 사랑을 받았기 때문입니다. 요셉은 어쩌면 형들이 베냐민도 죽였을지 모른다고 생각했는지도 모릅니다. 요셉이 사라진 후에 아버지 야곱이 베냐민에게 더 많은 사랑을 쏟았을 게 빤한데 예전의 형들이라면 그를 가만두었을지 알 수가 없는 것입니다. 고향에 아버지와 베냐민이 함께 남아 있다고 주장하지만 그 말을 어떻게 믿을 수 있겠습니까?

요셉은 살아 있는 베냐민을 두 눈으로 직접 확인해야만 했습니다. 형들이 베냐민을 데려왔을 때, 베냐민이 주눅 든 모습으로 덜덜 떨고 있다면 형들은 변화되지 않았다는 증거입니다. 베냐민이 함께 와야 형들의 진실한 변화가 증명됩니다.

요셉이 형들에게 베냐민을 데려와 진실함을 증명하라고 한 데는 또 다른 이유가 있습니다. 그는 형들을 한눈에 알아봤습니다. 바로 그 자리에서 자기가 누구인지를 밝히고 형들을 책망할 수도 있었지만 그렇게 하면 형들이 모두 죄인이 됩니다.

자녀가 부모한테 거짓말할 때가 있습니다. 이때 부모의 고민은 벌을 주느냐 마느냐에 있지 않고, 어떻게 하면 자녀를 올바르게 회복시키는가에 있습니다. 한때 수요예배를 마치고 나면 아이들이 집에 언제쯤 돌아오느냐고 전화로 묻곤 했습니다. 아빠가 어디쯤 오고 있는지 확인하는 것입니다. 그래서 한번은 집 가까이 왔음에도 불구하고 일부러 연락을 받지 않고, 갑자기 현관문을 열고 들어갔더니 아이들이 난리가 났습니다. 부모가 늦게 올 줄 알고 TV와 컴퓨터를 켜고 신나게 놀고 있었던 것입니다.

아내가 들어가자마자 TV와 컴퓨터에 손을 대 보려고 했지만 내가 말렸습니다. 아마 뜨끈뜨끈했겠지요. 그러나 모른 체하고 안방으로 들어갔습니다. 아내에게 모니터를 못 만지게 한 이유를 설명해 주었습니다. 아이들에게 스스로 고백할 시간을 주고 싶었던 것입니다.

부모에게 잘못을 들키면 아이들은 즉시 죄인이 됩니다. 아이들이 부모 모르게 한 짓은 잘못이지만, 잘못을 뉘우치고 회개할 시간을 줘야 합니다. 그래야 내 자식이 떳떳해지기 때문입니다. 내 자식을 잘못한 아이로 만드는 것보다 스스로 잘못을 고백하고, 그 잘못에 대해 자유하게 해주고 싶기 때문입니다. 시간이 조금 흐르자 아이들이 제 발로 찾아와 잘못을 빌었습니다. 스스로 고백했기에 그들은 떳떳할 수 있었고 우리는 감사했습니다.

잘못한 것에 대해 벌을 주는 것은 교정하기 위한 것도 있지만 그 죄에서 자유하게 하기 위해서이기도 합니다. 죄를 지었는데 벌을 받지 않으면 불안합니다. 그러나 합당한 벌을 받으면 그 죄에서 자유하게 됩니다. 벌은 혼내는 것이 아니라 자유하게 하는 것이 목적이 되어야 합니다.

요셉은 형들이 베냐민을 데려옴으로써 자신들의 정직함과 신실함을 스스로 증명해 주기를 바랐습니다. 그리고 자기를 판 죄책감에서 벗어나서 화해하기를 원했습니다. 총리가 요셉인 것을 알고 증명하는 것과 모르는 상태에서 증명하는 것이 다르기에 끝까지 신분을 감추었습니다.

실제로 형들은 요셉 앞에서 정직하고 진실했습니다. 덕분에 훗날 형들이 요셉 앞에 떳떳하게 설 수 있게 됩니다. 상대를 떳떳하게 만들어주는 것, 이것이 성도의 사랑이고 지혜입니다.

너희가 "확실한 자들이면"(19절)은 '진실한 자들이면'이라는 뜻입니다. 열 형제 중 한 명만 옥에 갇히고 나머지가 곡식을 가지고 돌아가서 막내 동생을 데려오라고 명령합니다.

요셉이 처음에는 아홉 명을 옥에 가두고 한 명만 보내어 막내를 데려오라고 했지요(16절). 그런데 열 명을 모두 3일간 가두더니(17절) 이번에는 한 명만 가두고 아홉 명을 보내겠다고 합니다(18절).

우선, 한 명만 갈 경우에는 곡식을 충분히 가져갈 수 없어 고향에 있는 가족을 돕기에 충분하지 않습니다. 이 사실을 잘 아는 형제들을 3일간 옥에 가두었으니 그 안에서 이 문제를 어떻게 해결할지 의논하느라 정신이 없었을 것입니다.

"한 명이 곡식을 어떻게 다 가져간단 말인가? 큰일이구나. 우리를 정말 정탐꾼으로 보는 모양이다. 도대체 베냐민을 무슨 수로 데려온단 말인가?" 그렇게 걱정하게 한 후에 "나는 하나님을 경외하노니"(18절)라고 말하며 한 명만 남고, 아홉 명이 곡식을 가지고 가라고 하니 얼마나 안도했겠습니까?

중국에서는 외국인이 중국인을 가르치는 것이 불법입니다. 그러니 중국 가정교회 지도자들을 가르치다가 공안에 잡혀 간다면 몹시 두렵겠지요. 조서를 쓰기 위해 앉았는데, 마주 앉은 중국 경찰이 "목사님, 사실은 저도 그리스도인입니다. 이것만 쓰십시오. 나머지는 제가 알아서 처리하겠습니다"라고 말해 준다면 얼마나 안심이 되겠습니까?

형제들도 마찬가지였습니다. 두려움에 떨다가 애굽 총리가 하나님을 경외한다고 하니 마음이 놓이는 것입니다. 안도감과 함께 '정말로 베냐민만 데려오면 되겠구나' 하는 희망이 생겼습니다.

이런 과정이 없었다면 야곱을 설득하기가 어려웠을 것입니다. 베냐민을 데려갔다가 죽기라도 하면 어떡하느냐고 반대했을 것입니다. 요셉은 애굽의 총리로서 그들을 죽일 마음이 없을 뿐만 아니라 하나님을 경외하는 자로서 한 명만 인질로 남고 아홉 명이 곡식을 가지고 가도록 은혜를 베풀 것이니 안심하고 베냐민을 데려와서 스스로 정탐꾼이 아닌 것을 증명하라고 다독였습니다.

21 그들이 서로 말하되 우리가 아우의 일로 말미암아 범죄하였도다 그가 우리에게 애걸할 때에 그 마음의 괴로움을 보고도 듣지 아니하였으므로 이 괴로움이 우리에게 임하도다 22 르우벤이 그들에게 대답하여 이르되 내가 너희에게 그 아이에 대하여 죄를 짓지 말

라고 하지 아니하였더냐 그래도 너희가 듣지 아니하였느니라 그러
므로 그의 핏값을 치르게 되었도다 하니 <창 42:21~22

히브리어 원문을 보면, "우리가"와 "아우의 일로" 사이에 '참으로'가
들어 있습니다(21절). "그 마음의 괴로움"(21절)은 해산의 고통을 가리킵
니다. 또 다른 뜻으로 '적이 쫓아올 때의 공포심'이 있습니다. 요셉이
인신매매 당할 때 느낀 공포감을 뜻합니다.

23 그들 사이에 통역을 세웠으므로 그들은 요셉이 듣는 줄을 알지
못하였더라 24 요셉이 그들을 떠나가서 울고 다시 돌아와서 그들
과 말하다가 그들 중에서 시므온을 끌어내어 그들의 눈앞에서 결
박하고 25 명하여 곡물을 그 그릇에 채우게 하고 각 사람의 돈은
그의 자루에 도로 넣게 하고 또 길 양식을 그들에게 주게 하니 그
대로 행하였더라 <창 42:23~25

요셉은 형제들 중에 시므온을 끌어내어 결박했습니다. 왜 그를 선택
했을까요? 이것이 요셉의 지혜입니다.

22년 전에 요셉은 형들에 의해 구덩이에 던져졌다가 애굽으로 팔려
왔습니다. 멀리서 요셉이 오는 것을 보고 누군가가 "그를 죽여 한 구덩
이에 던지고 우리가 말하기를 악한 짐승이 그를 잡아먹었다 하자"(창
37:20)고 선동했습니다. 누가 주동했을까요? 아마도 시므온이었을 것입
니다.

라헬과 경쟁하던 레아의 여섯 아들 중에서 르우벤은 요셉의 생명을 해치지 말자고 했고(창 37:21), 유다는 요셉을 죽이지 말고 이스마엘 사람들에게 팔자고 했습니다(창 37:26~27). 그런데 레아의 둘째 아들 시므온은 여동생 디나를 욕보였다는 이유로 세겜 지방에 사는 히위 족속을 동생 레위와 함께 잔인하게 살육한 적이 있습니다(창 34장).

그들이 얼마나 잔인했던지 훗날 야곱이 시므온과 레위를 축복할 때, '그들의 칼은 폭력의 도구로 그들은 분노대로 사람을 죽이고, 혈기대로 소의 발목 힘줄을 끊었다'(창 49:5~6)고 지적합니다. 여기서 '힘줄을 끊다'는 '완전히 잔인하게 죽였다'는 뜻입니다. 결국 출애굽 이후에 레위는 제사장 지파가 되어 땅의 기업을 받지 못한 채 흩어지고, 시므온은 가장 작은 땅을 받는 지파가 됩니다.

잔인한 일에 늘 주동자였던 시므온이 그들과 함께 집으로 돌아간다면 형제간에 다툼이 일어날 수도 있습니다. 그런데 형제들 눈앞에서 시므온이 결박되니 '결국 하나님께 벌을 받는구나' 하고 흠칫 놀랐을 것입니다. 그리고 그를 향한 긍휼한 마음을 품었을 것입니다.

결론적으로 요셉이 시므온을 가둔 것은 복수가 아니라 시므온을 보호하기 위한 것이었습니다. 혼자 남은 시므온도 섬뜩했겠지요. 형제들이 가고 오는 동안 그는 어떤 생각을 했을까요? 빠르면 20일, 늦어지면 두세 달이 걸릴 텐데, 그동안 시므온은 하나님 앞에 홀로 서서 자신의 행동을 돌아보며 깊이 반성했을 것입니다.

요셉은 시므온을 결박함으로써 그를 향한 형제들의 비난을 긍휼한 마음으로 바꿔 주었을 뿐만 아니라 시므온이 스스로 자신을 돌아볼 기회를 주었으니 정말로 지혜로운 자입니다.

자기중심적인 사고를 하는 사람에게서는 지혜가 나오지 않습니다. 지식과 지혜는 다릅니다. 지혜란 내 것을 내려놓고 다른 사람을 살리고자 할 때 나오는 것입니다. 토론할 때 자기가 원하는 것만 주장하는 사람은 싸움을 일으킵니다. 그러나 어떻게 하면 하나 되게 할까를 고민하며 다른 사람을 살리려고 애쓰는 사람은 지혜를 냅니다.

부모가 자녀를 키울 때, 자기 성질대로 하는 사람은 주로 소리를 지르겠지만, 어떻게 하면 아이의 마음이 상하지 않게 잘 타이를 수 있을까를 고민하는 사람은 지혜를 짜냅니다. 채소를 안 먹는 아이에게, 어떤 부모는 "입 열어. 입에 넣어. 어서 씹어" 하고 강압적으로 윽박지르지만, 어떤 부모는 어떻게 하면 맛있게 먹일까 고민하며 갖가지 요리법을 개발하고 재밌는 놀이를 고안하는 등 지혜를 냅니다.

지혜는 다른 사람을 세우려고 할 때 하나님이 주시는 축복의 선물입니다. 지혜를 얻고 싶다면 내 것을 내려놓고 다른 사람을 세워 줄 수 있는 마음부터 갖추어야 합니다.

요셉이 형들에게 복수하려고 했다면 지혜로운 사람이 되지 못했을 것입니다. 요셉에게는 복수의 칼날이 아닌 살리려는 마음이 있었습니다. 그는 형제들이 갈라서는 것을 원하지 않았습니다. 요셉은 참으로 멋진 자입니다.

> 26 그들이 곡식을 나귀에 싣고 그곳을 떠났더니 27 한 사람이 여관에서 나귀에게 먹이를 주려고 자루를 풀고 본즉 그 돈이 자루 아귀에 있는지라 28 그가 그 형제에게 말하되 내 돈을 도로 넣었도다 보라 자루 속에 있도다 이에 그들이 혼이 나서 떨며 서로 돌아보며 말하되 하나님이 어찌하여 이런 일을 우리에게 행하셨는가 하고
>
> 창 42:26~28

"여관"(27절)은 간이 숙박업소로 대개 짐승들에게 먹이를 제공하지 않습니다. "혼"(28절)은 '마음, 심장'으로 번역되기도 하는데, 너무 놀라서 혼절할 지경이라는 것입니다. 그들은 서로 돌아보며 "하나님이 어찌하여 이런 일을 우리에게 행하셨는가"(28절) 하고 한탄합니다.

믿음은 환란 가운데 드러난다고 합니다. 신앙의 크기는 문제 속에서 드러나게 된다는 뜻입니다. 아마도 요셉의 형들은 스트레스 때문에 터지기 일보 직전의 상태였을 것입니다. 가나안 땅에 큰 기근이 든 것도 스트레스요 식량을 사려고 야곱을 남겨 두고 애굽에 내려온 일도 스트레스입니다. 그런데 애굽에서 첩자로 누명을 쓰고 죽을 뻔하다가 살아났습니다.

시므온이 아직 잡혀 있고, 야곱을 설득해서 베냐민을 데려와야 합니다. 그런데 자루 속에서 오해를 살 만한 것이 나온 것입니다. 첩자라는 누명을 벗지도 못했는데, 이젠 도둑으로까지 몰리게 생겼습니다. 이 정

도 스트레스 상황이라면 보통 사람은 성질대로 일을 처리할 것입니다. 사실 이전의 형들이라면 그렇게 했을 것입니다.

이전에 형들은 하나님께 묻는 사람들이 아니었습니다. 그들의 마음은 시기로 가득했습니다. 잔인한 성품대로 요셉을 노예로 팔기까지 했습니다.

그런데 이제 그들은 '역시 시므온은 자기가 한 대로 벌을 받는구나' 하고 느낄 뿐만 아니라 '하나님이 왜 우리에게 이런 일을 하시는가' 하고 묻기 시작했습니다. 형들이 신앙인으로서 변화되고 있는 것입니다. 22년 전에 그들이 지금처럼 하나님 앞에서 생각했더라면 요셉을 팔아 넘기지 않았을 것입니다.

신앙이 자랄수록 하나님 앞에서 자기 자신을 돌아보게 마련입니다. 인생에 무슨 일이 터졌을 때 하나님의 뜻을 구하며 기도하는 자는 하나님을 바라보는 자입니다.

29 그들이 가나안 땅에 돌아와 그들의 아버지 야곱에게 이르러 그들이 당한 일을 자세히 알리어 아뢰되 30 그 땅의 주인인 그 사람이 엄하게 우리에게 말씀하고 우리를 그 땅에 대한 정탐꾼으로 여기기로 31 우리가 그에게 이르되 우리는 확실한 자들이요 정탐꾼이 아니니이다 32 우리는 한 아버지의 아들 열두 형제로서 하나는 없어지고 막내는 오늘 우리 아버지와 함께 가나안 땅에 있나이다 하였더니 33 그 땅의 주인인 그 사람이 우리에게 이르되 내가 이같이 하여 너희가 확실한 자들임을 알리니 너희 형제 중의 하나를 내

게 두고 양식을 가지고 가서 너희 집안의 굶주림을 구하고 ³⁴ 너희
막내 아우를 내게로 데려오라 그러면 너희가 정탐꾼이 아니요 확
실한 자들임을 내가 알고 너희 형제를 너희에게 돌리리니 너희가
이 나라에서 무역하리라 하더이다 하고 ³⁵ 각기 자루를 쏟고 본즉
각 사람의 돈뭉치가 그 자루 속에 있는지라 그들과 그들의 아버지
가 돈뭉치를 보고 다 두려워하더니 창 42:29~35

가나안에 돌아온 형제들이 아버지 야곱에게 상황을 알립니다. "자세
히 알리어"(29절)는 '조금도 남김없이 말했다'는 뜻입니다. 그리고 "확실
한 자들임을"이 반복됩니다(33~34절). 이 사건이 형제들의 진실함을 증
명하는 중요한 사건이라는 뜻입니다. 이것을 야곱을 통해 다시 한 번
드러냅니다.

형제들은 아버지에게 말 그대로 자세히 보고했습니다. 그런데 왜 굳
이 6절에 걸쳐 길게 반복해서 기록했을까요? 중복되는 것은 생략해도
좋지 않았을까요? 성경을 읽다 보면 같은 내용이 반복될 때가 있습니
다. 대개 그냥 지나칩니다. 방금 전에 읽은 내용이기 때문이죠.

그런데 그렇게 읽으면 안 됩니다. 성경이 반복하여 기록한 것은 그
만큼 중요한 내용이기 때문입니다. 부모가 훈계를 반복하면 자녀들은
잔소리처럼 받아들이지만, 실제로 중요하기 때문에 반복하는 것이 아
니겠습니까?

요셉의 형들이 야곱에게 말하는 이 부분은, 그냥 보면 같은 사건을
반복하는 것처럼 보입니다. 그러나 실상은 반복이 아닙니다. 형들이 애

굽에서 있었던 사건을 야곱에게 설명하는 것이기 때문입니다. 성경은 알려 주고 싶은 메시지가 있을 때 내용을 중복하여 기록합니다. 요셉의 형들이 애굽에서 있었던 일을 자세히 말하는 것을 통해 그들 자신이 얼마나 변화되었는가를 보여 줍니다.

창세기 42~44장의 가장 중요한 주제는 요셉의 형들의 진실함을 증명하는 것입니다. 그 진실함을 증명하기 위해서 베냐민을 애굽으로 데려가야 합니다. 그런데 문제가 만만치 않습니다. 야곱을 설득하기가 쉽지 않고, 애굽에서 가져온 자루 속에서 돈뭉치가 발견되었으니 골치 아프게 되었습니다.

만약에 요셉의 형들이 진실한 자가 아니라면 야곱에게 그렇게까지 자세하게 말하지 않았을 것입니다. 옛날처럼 야곱을 속이거나 간단하게 이야기하고 넘겼을 것입니다. 만일에 그랬다면, 성경은 중복된 내용을 기록하는 대신에 다른 말로 바꾸었을 것입니다. 요셉의 형들은 애굽에서 있었던 일을 있는 그대로 전했습니다. 성경이 똑같이 기록한 것은 그들이 사실대로 진실하게 말했음을 보여 주기 위함입니다. 그런 면에서 이것은 단순한 반복이 아니라 요셉의 형들이 자신의 진실함을 보여 주는 첫 번째 증명인 것입니다.

그들의 아버지 야곱이 그들에게 이르되 너희가 나에게 내 자식들을 잃게 하도다 요셉도 없어졌고 시므온도 없어졌거늘 베냐민을 또 빼앗아 가고자 하니 이는 다 나를 해롭게 함이로다 창 42:36

야곱은 아들들을 책망합니다. 시므온이 붙잡히고 베냐민도 데려가게 생겼으니 불안한 것입니다.

르우벤이 그의 아버지에게 말하여 이르되 내가 그를 아버지께로 데리고 오지 아니하거든 내 두 아들을 죽이소서 그를 내 손에 맡기소서 내가 그를 아버지께로 데리고 돌아오리이다 창 42:37

별안간 르우벤이 나서서 베냐민을 데려오지 못하면 자기 아들 둘을 죽여도 좋다고 말합니다. 그에게는 하녹, 발루, 헤스론, 갈미 등 네 아들이 있었습니다(창 46:9). 그중에 둘을 드리겠다는 것입니다. 고대 근동에서는 자식의 목숨은 그 아버지의 손에 달려 있었습니다. 때에 따라 아버지가 죽일 수도 있었습니다.

르우벤은 착하고 정이 많고 모질지 못한 성품의 소유자였습니다. 그래서 형제들이 요셉을 죽이려 할 때 막았고, 야곱을 위하는 마음에 베냐민이 죽으면 자기 자식 둘을 죽이겠다고 말하기도 했습니다. 그러나 그는 심지가 굳지 못하고 감정적인 사람이었습니다. 감정에 휘둘려 빌하와 간통까지 했습니다.

한 단체의 리더에게는 '결정권'이란 책임이 주어집니다. 이들의 결정에 따라 많은 일이 영향을 받습니다. 그래서 이런 위치에 있는 자들의 판단과 분별력은 매우 중요한데 이때 그들의 성품과 기질도 무시할 수 없습니다. 왜냐하면 어떤 것이 옳은지 본인도 잘 모르면서 결정해야만 하는 경우가 있기 때문입니다. 결정해야 하는 사람이 우유부단해서 그 시간을 미루다가 피해를 보는 경우를 종종 봐 왔습니다.

나는 기질이 센 사람입니다. 그래서 부드럽고 온순한 성품의 사람이 매우 부러웠습니다. 이들은 대인관계도 좋고 사람들을 이해하는 폭도 넓어서 하나님의 은혜를 타고난 사람이라고 생각했습니다. 그런데 무엇을 결정해야 하는 순간이 오면 많은 이들이 결정을 잘 내리지 못하는 것을 봤습니다. 특히 사람에 대한 이해심은 크지만 분별력은 약하고, 이것저것 생각하다가 문제를 크게 만드는 일도 있었습니다. 기질이 강한 성품의 소유자들은 이럴 때 결정을 더 분명히 합니다. 이들은 일 처리 속도가 빠르고 과감한 결정을 합니다. 그래서 평소에는 대인관계나 이해심이 부족하다는 말을 듣지만, 위기 시에는 이들이 더욱 빛을 발합니다. 이들의 문제는 자기중심적일 때가 많고 관계보다는 일 중심적이라 사람에 대한 이해심과 배려가 부족하다는 것입니다.

과연 어떤 성품과 기질이 좋은 것일까요? 두 성품 모두 문제가 있습니다. 모두 다 죄인의 성품과 기질이고 죄의 영향을 받고 있어서 문제가 됩니다. 중요한 것은 그 기질과 성품이 하나님 안에 붙어 있어야 한다는 것입니다. 하나님의 마음과 방법을 배워야 좋은 성품과 기질로 사용됩니다. 하나님을 떠나면 모든 인간은 자기중심적이며 죄의 영향을 더욱 깊게 받습니다.

르우벤은 착하고 좋은 성품을 받았지만, 감정에 휘둘렸습니다. 그결과 그는 장자권이란 엄청난 축복을 넘겨야 했습니다. 신앙생활을 할때 조심할 부분 중 하나가 감정을 다스리는 것입니다. 감정은 좋은 것이지만 감정이 신앙은 아닙니다. 감정적인 사람은 흥이 나면 신앙생활도 잘합니다. 그러다 감정이 떨어지면 신앙생활도 엉망이 됩니다. 감정이 그 사람을 휘두르기 때문입니다.

그러나 영적인 사람은 감정의 기복과 상관없이 신앙생활을 합니다. 교회에 와서 예배를 드리고 봉사하며 하루하루 주어진 삶을 성실하게 살아갑니다. 감정의 기복을 다스리는 것이 신앙의 실력입니다. 신앙생활을 할 때 감정을 상하게 하는 것을 조심하십시오. 사탄이 노리는 영혼의 틈이기 때문입니다. 사탄이 우리에게 원하는 것은 한 가지입니다. 하나님 안에 붙어 있지 못하게만 하면 됩니다. 그러면 르우벤처럼 권위를 잃어버리게 되기 때문입니다.

야곱이 이르되 내 아들은 너희와 함께 내려가지 못하리니 그의 형은 죽고 그만 남았음이라 만일 너희가 가는 길에서 재난이 그에게 미치면 너희가 내 흰 머리를 슬퍼하며 스올로 내려가게 함이 되리라 창 42:38

르우벤이 아들 둘을 바칠 각오를 보였지만 야곱이 반대합니다. 르우벤의 결단과 각오가 야곱에게 먹히지 않은 것입니다. 장자로서 권위가 무너진 상태입니다.

감정적인 르우벤이 별안간 아들을 죽여서라도 베냐민을 책임지겠다고 나서니 야곱은 설득이 되지 않습니다. 자기 자식 때문에 손자를 둘이나 죽이라고 할 할아버지가 어디 있습니까?

르우벤은 늘 각오를 다지는데 상대방의 마음을 읽고 그에 맞는 답을 하는 실력이 없습니다. 그래서 그가 무엇인가 하려고 하면 일이 안 되는 것입니다.

열심과 정성이 아무리 많아도 실력이 있어야 합니다. 사람마다 일을 하는 유형이 있습니다.

첫 번째, 실력은 있는데 쉽게 일을 맡지 않는 사람이 있습니다. 이런 사람은 일을 한번 맡으면 100퍼센트 처리해 냅니다.

두 번째, 실력은 있으나 마음이 약해서 이 일 저 일 다 떠맡는 사람이 있습니다. 이런 사람은 일의 뒤처리가 깔끔하지 못합니다. 실력이 있지만 능력보다 더 많은 일을 맡아서 하기 때문에 미처 처리를 못하는 것입니다.

세 번째, 실력이 없음을 알고 자기가 할 수 없는 일은 거절할 줄 아는 사람입니다. 이런 사람은 적어도 문제를 일으키지는 않습니다. 본인이 음치임을 알고 성가대에 들어가지 않는 경우입니다. 음식 솜씨가 안 좋으니 주방 팀장을 맡지 않는 것입니다. 알맞게 거절하는 것도 실력입니다. 달란트가 없다면 달란트가 있는 사람에게 일을 양보하는 것도 실력입니다.

자기가 할 수 있는 다른 일을 찾아서 하면 됩니다. 그러나 못한다고 거절하는데도 목사님이 시키면 순종하십시오. 때로는 실력이 없어도 순종해야 할 때가 있습니다. 믿음의 순종 또한 실력이기 때문입니다.

마지막으로, 실력이 없는데 손에서 일을 놓지 않는 사람입니다. 문제를 가장 많이 일으키는 사람으로서 감당할 만한 실력이 없기 때문에 하는 일마다 엉망입니다.

남에게 보이기 위한 일을 하지 마십시오. 하늘나라에 갈 때 주님 앞에 내가 생전에 어떤 일을 했는지 아뢰어야 한다는 것은 잘못된 생각입니다. 작은 일이라도 하나님이 주신 일을 감당하며 살면 됩니다. 많은 일이나 큰 일이 중요하지 않습니다. 어떤 마음으로 일했느냐가 중요합니다.

할 수 있는 것이 없으면 겸손히 옆에서 박수 쳐 주면 됩니다. "난 아무것도 못해" 할 것이 아니라 주방 팀이 해준 밥을 맛있게 먹고 "잘 먹었습니다" 하고 인사하면 됩니다. 아니면 맛있게 먹고 나서 설거지를 해도 좋습니다.

고등학교 2학년 때 성가대가 노회 경연대회에 나가게 되었습니다. 선생님이 한 명씩 오디션을 보셨습니다. 나는 초등학교 4학년 때 〈우리들 마음에 빛이 있다면〉 동요 부르기 시험에서 실수를 하는 바람에 여러 사람 앞에서 노래하는 데 트라우마가 있습니다. 수업 시간에 분단별로 소프라노와 알토를 나누어 연습할 때 늘 알토 쪽에 있었기 때문에 독창 시험 시간에 알토 음으로 노래하고 말았던 것입니다. 음치가 알토

음을 내니 반 아이들이 배꼽을 잡고 웃었습니다. 그날 이후로 사람들 앞에서 노래할 때마다 식은땀부터 나곤 합니다.

그런 내가 성가대 선생님과 친구들 앞에서 노래를 불렀습니다. 결과를 보니 나만 탈락이었습니다. 자타공인 음치인 내가 빠진 것은 어찌 보면 당연한 일입니다.

성가대에서 빠진 후에 내가 어떻게 했는지 압니까? 경연대회장에 갔습니다. 선생님이 제일 놀라셨습니다. 관객석에 앉아서 우리 성가대를 열심히 응원했습니다. 다행히 2등을 했습니다.

그러고 나서 다시 성가대에 들어갔습니다. 선생님도 아무 말씀하지 않으셨습니다. 친구가 "남국아, 괜찮니?" 하고 물었습니다. 나는 "응, 괜찮아. 나도 내가 음치인 거 알아. 그런데 선생님이 '남국아, 너만 음이 안 맞으니까 이번 경연대회에는 참석하지 않았으면 해, 안 되겠니?' 하고 공개적으로 물으셔서 가슴이 좀 쓰렸어. 조용히 얘기해 주셔도 좋았을 텐데 말이야"라고 대답했습니다.

나는 꿋꿋하게 성가대에 남았습니다. 그날 이후 "내 실력으로 성가대를 할 수 있을까?" 하고 고민하는 아이들에게 "나도 하는데 뭘 고민해?" 하고 말해 줄 수 있었습니다. 모든 이에게 희망과 위안을 주는 존재가 된 것입니다.

교회는 이런 곳입니다. 교회는 옳고 그름을 따지다가 상대를 죽이는 곳이 아닙니다. 자신의 옳음을 증명하기 위해 다른 사람의 명예를 훼손시키는 곳이 아닙니다. 실력이 없다고 한탄하지 말고 청소든 설거지든 맡겨진 일을 최선을 다해 하십시오. 실력이란 재능만 있는 것이 아닙니다. 웃어 줄 줄 알고, 박수 쳐 줄 줄 알고 남을 세워 줄 줄 아는 것도 실력입니다. '저런 사람도 봉사하는데 나도 할 수 있을 거야' 하고 용기를 얻는 곳이 교회입니다. 기술이 뛰어난 사람보다 인내하고 순종하는 실력으로 더욱 멋진 성도가 될 수 있습니다. 하나님이 보시고 "네가 나를 진짜로 보는구나" 하실 것입니다.

유다,
마음을 헤아리는 자로 빚어지다

> 1 그 땅에 기근이 심하고 2 그들이 애굽에서 가져온 곡식을 다 먹으매 그 아버지가 그들에게 이르되 다시 가서 우리를 위하여 양식을 조금 사오라 창 43:1~2

"심하고"(1절)는 '맹렬하다'는 뜻입니다. 7년 흉년 중에 2년째를 지나는데 점점 맹렬해져 가고 있습니다. 일반적 기근이 아닙니다. "조금 사오라"(2절)는 구할 수 있을 만큼 사오라는 뜻입니다.

창세기 43장은 유다가 어떻게 야곱을 설득하여 베냐민을 요셉에게로 데려오는가와, 베냐민을 만난 요셉이 그를 통해 형제들을 어떻게 관찰하는가에 대해서 주로 설명합니다.

> 3 유다가 아버지에게 말하여 이르되 그 사람이 우리에게 엄히 경

고하여 이르되 너희 아우가 너희와 함께 오지 아니하면 너희가 내 얼굴을 보지 못하리라 하였으니 4 아버지께서 우리 아우를 우리와 함께 보내시면 우리가 내려가서 아버지를 위하여 양식을 사려니와 5 아버지께서 만일 그를 보내지 아니하시면 우리는 내려가지 아니하리니 그 사람이 우리에게 말하기를 너희의 아우가 너희와 함께 오지 아니하면 너희가 내 얼굴을 보지 못하리라 하였음이니이다

창 43:3~5

유다는 야곱에게 애굽 총리가 "엄히 경고"했다고 말합니다(3절). '심각한 표정으로 단호하게 경고했다'는 뜻입니다. 그만큼 사태가 매우 심각하다는 겁니다. 그는 아버지에게 단호하게 말합니다. "우리 아우를", "우리와 함께 보내시면", "우리가 내려가서"(4절)라고 말하며 "우리"를 강조합니다. 베냐민과 자신을 한데 묶어서 말하는 것입니다.

감정적인 르우벤은 베냐민이 죽으면 자기 아들 둘을 죽이겠다고 했습니다. 얼마나 극단적입니까? 베냐민을 지킬 뿐만 아니라 모두가 살 길을 모색하고 있는데 르우벤 혼자 자기 생각에 빠진 것입니다.

그러나 유다의 설득법은 달랐습니다. 우선, 이 문제의 결정권자가 아버지 야곱임을 밝힙니다. "아버지가 결정하여 베냐민을 보내시면 우리가 함께 내려가고, 아버지가 보내지 않으시면 형제들이 내려갈 수 없다"는 것입니다. 이것은 양식을 사러 가는 문제가 아니라 베냐민이 가야 할 문제임을 정확히 지적합니다. 어떤 안건에 대해 이야기할 때 핵심을 정확히 짚어서 말할 줄 알아야 합니다. 그래야 얘기가 됩니다.

그런데 야곱이 쉽사리 결정하지 못합니다. 왜 그럴까요? 야곱도 알고 있는 문제이지만 결국 베냐민만 잃게 될지 모른다는 두려움에 휩싸여 있기 때문입니다.

만약에 유다가 곡식을 구하는 데만 관심을 두었다면 "아버지, 빨리 결정하세요. 지금 베냐민이 문제입니까? 우리가 다 굶어 죽게 생겼습니다. 예전에는 요셉을 그렇게 감싸시더니 이번에는 베냐민을 살리려고 우리를 다 굶겨 죽일 작정이십니까?" 하고 대들지 않았겠습니까?

어떤 결정을 내릴 때, 급한 일과 중요한 일을 구별할 줄 알아야 합니다. 인생은 늘 급한 것을 좇느냐 아니면 중요한 것을 좇느냐의 싸움입니다. 살다 보면, 매우 중요한 문제이지만 급하지 않으니 그냥 넘겨 버릴 때가 있습니다. 일이 터지고 나서야 중요한 문제를 해결하지 못한 채 넘긴 것이 큰 실수였음을 깨닫습니다. 급한 것은 즉각 드러나지만 정작 중요한 것은 눈에 잘 띄지 않기 때문입니다. 대개 사건이 터지고 나서야 후회합니다.

사실 야곱은 다른 아들들과 베냐민을 함께 보내는 것이 두려웠습니다. 아들들이 미더웠다면 베냐민을 기꺼이 보냈을 것입니다. 베냐민이 가다가 사고를 당할까 봐 걱정이 돼서 못 보냅니다. 야곱의 염려를 간파한 유다가 "베냐민을 보내 주세요"라고 말하는 대신에 "우리와 함께" 보내시라고 말합니다. '함께'를 말함으로써 야곱이 불안해하고 있는 부분을 먼저 안심시킨 것입니다.

유다는 아버지가 결정해야 할 것을 정확히 지적하며, '우리'라고 표현하여 베냐민과 형제들이 한데 묶여 있음을 나타냅니다.

이스라엘이 이르되 너희가 어찌하여 너희에게 또 다른 아우가 있다고 그 사람에게 말하여 나를 괴롭게 하였느냐 창 43:6

"이스라엘"이 묻습니다. 언약 관계에 있는 이름입니다. 어째서 아우가 있다고 말했는지, 일을 지혜롭게 처리하지 못한 형제들이 베냐민을 데려갔다가 다시 데려올 수 있을지 믿을 수가 없는 것입니다. 야곱의 불안감이 가시질 않습니다.

그들이 이르되 그 사람이 우리와 우리의 친족에 대하여 자세히 질문하여 이르기를 너희 아버지가 아직 살아 계시느냐 너희에게 아우가 있느냐 하기로 그 묻는 말에 따라 그에게 대답한 것이니 그가 너희의 아우를 데리고 내려오라 할 줄을 우리가 어찌 알았으리이까 창 43:7

"자세히 질문하여"는 '꼼꼼하게 묻다, 진지하게 문의하다'라는 뜻입니다. 형제들은 애굽의 총리가 "너희 아버지가 아직 살아 계시느냐"를 먼저 묻고 "너희에게 아우가 있느냐"고 물었다고 말합니다. 그가 그렇게 물어서 대답했을 뿐인데, 베냐민을 데려오라고 할 줄 누가 알았겠느냐고 반문합니다.

요셉의 관심이 아버지와 베냐민의 생존에 있음을 알려 줍니다. 훗날 베냐민이 애굽 총리 앞에 섰을 때도 요셉이 아버지가 살아 계시는지 묻습니다. 중요한 문제이기 때문입니다.

> 유다가 그의 아버지 이스라엘에게 이르되 저 아이를 나와 함께 보
> 내시면 우리가 곧 가리니 그러면 우리와 아버지와 우리 어린 아이
> 들이 다 살고 죽지 아니하리이다 창 43:8

유다가 "저 아이"를 나와 함께 보내시라고 말합니다. 당시 베냐민은 아이가 아니었습니다. 막내이지만 장성한 자였습니다. 유다는 형이 아닌 아버지의 입장에서 말한 것입니다. 야곱이 베냐민을 여전히 아이로 보고 두려워하고 있음을 알고 "저 아이"라고 불렀습니다.

성숙한 신앙인의 특징은 주변을 둘러볼 줄 안다는 것입니다. 성숙하면 자기 자신뿐 아니라 다른 사람도 돌아볼 줄 알게 됩니다. 옆에 있는 사람을 돌볼 줄 아는 것입니다. 그러나 미성숙한 신앙인은 자기 자신만 봅니다.

르우벤은 곡식을 구해야 한다는 성급한 마음에 자기 아들들의 목숨을 내걸었지만, 유다는 상황을 정확히 판단하고, 아버지가 염려하시는 점을 짚어 주었습니다. 또한 아버지의 눈으로 베냐민을 바라보며 그의 불안한 마음을 만져 주었습니다.

유다가 달라졌습니다. 아들들이 죽어 나가자 며느리 다말을 남편 잡아먹는 귀신쯤으로 여기던 유다입니다. 그런 그가 아버지의 마음을 헤아려 "저 아이"라고 말할 줄 알게 되었습니다. 마음이 깊어진 것입니다.

지금 가나안 땅은 전무후무한 엄청난 기근이라는 재앙을 맞고 있습니다. 이때 양식을 조금이라도 더 확보하는 것이 지혜입니다. 우리 격언에 "아끼다가 똥이 된다"는 말이 있습니다. 양식을 안 사 오면 베냐민

도 굶어 죽기는 마찬가지입니다. 이리 죽으나 저리 죽으나 마찬가지라면 베냐민을 보내는 것이 상식적으로 맞는 말입니다. 야곱이 늙어서 노망이 난 것으로 여길 수도 있습니다. 그런데 유다는 마음이 넓어졌습니다. 무엇이 더 합리적인가를 설명하기보다 야곱의 마음을 이해한 것입니다. 여기에 야곱이 마음을 엽니다. 유다의 말을 이해한 것이 아니라 유다의 마음을 보게 된 것입니다.

그의 말을 들은 야곱은 비로소 유다가 함께 간다면 형제들이 베냐민을 잘 돌봐 줄 것이라는 믿음이 생겼습니다.

> 9 내가 그를 위하여 담보가 되오리니 아버지께서 내 손에서 그를 찾으소서 내가 만일 그를 아버지께 데려다가 아버지 앞에 두지 아니하면 내가 영원히 죄를 지리이다 10 우리가 지체하지 아니하였더라면 벌써 두 번 갔다 왔으리이다 창 43:9~10

"벌써 두 번 갔다 왔으리이다"(10절)란 두 번이나 갔다 올 시간 동안 야곱이 베냐민을 보내지 않으려고 완강히 버텼음을 의미합니다. 이제 유다가 자기 자신을 담보로 내놓습니다.

애굽에 두 번이나 다녀올 시간 동안 곡식을 최대한 아껴 먹었지만 더는 버틸 수 없는 지경에 이른 것입니다. 그 정도로 야곱의 두려움이 컸습니다.

야곱에게 라헬은 특별히 사랑한 아내였습니다. 그녀가 일찍 죽자 요셉은 더욱 특별한 자식이 되었습니다. 요셉이 사라진 다음, 야곱에게 베냐민은 자식 이상의 존재가 되었습니다. 베냐민은 사랑하는 막내아들이기 전에 라헬과 요셉과 묶인 존재였습니다.

그래서 사람을 변화시키는 데는 '정답'으로는 안 됩니다. 정답은 맞는 말이지만 사랑이 없기 때문입니다. 두려움은 사랑으로만 치유될 수 있습니다. "사랑 안에 두려움이 없고 온전한 사랑이 두려움을 내쫓나니"(요일 4:18)라고 했습니다. 사랑은 상대를 이해하고 긍휼히 여기는 마음입니다.

사랑은 자기중심적이지 않습니다. 의는 자기중심적이지만 사랑은 상대 중심적입니다. 그래서 교회에서 충고할 때는 '상한 심령'으로 해야 합니다. 상대를 깊이 이해하고 긍휼히 여기는 마음으로 하라는 뜻입니다. 이것은 매우 중요한 원칙입니다.

유다는 야곱의 마음을 깊이 이해했습니다. 그러면서도 야곱이 처한 가문의 문제도 냉철하게 판단했습니다. 야곱에게 현실을 직시하게 하면서도 베냐민을 향한 그의 사랑을 무시하지 않았습니다. 야곱에게 결단을 촉구하고 현실을 이해시키면서도 그의 마음을 헤아리며 설득한 것입니다.

결정적으로 유다는 자기 자신을 담보로 내놓는 대안을 제시합니다. 대안 없이 문제만 지적해서는 상대방을 설득할 수가 없습니다. 지적만으로 문제가 해결되지 않기 때문입니다. 그러나 대안이 있어도 방법이 좋아야 합니다. 교회에 문제가 있을 때 대안 없이 문제만 지적해서도 안 되지만, 대안을 말할 때는 더욱 겸손하게 상대와 함께 가기를 바라는 마음으로 말하십시오. 그렇게 말하다 보면 알아듣는 날이 옵니다.

말귀를 알아듣지 못하면 기도하면서 기다리십시오.

유다는 야곱의 마음을 어루만지며 설득하고, 자기 목숨을 걸고 스스로 십자가를 지겠다고 나섰습니다. 믿을 만한 대안을 제시한 것입니다. 이것은 르우벤처럼 감정적인 결단이 아닙니다. 그가 자기 목숨을 건 것은 야곱이 베냐민에게 목숨을 걸고 있음을 알기 때문이었습니다. 나중에 유다는 요셉 앞에서 야곱과 베냐민의 생명이 연결되어 있다고 진술합니다. 야곱만큼 베냐민을 보호하겠다는 각오를 보이지 않으면 형제들은 베냐민을 데려갈 수 없습니다. 야곱은 그의 성숙한 모습을 봤습니다. 그의 말이 옳아서가 아니라 믿음직한 모습을 보았다는 것입니다. 르우벤을 보고 불안해서 베냐민을 보낼 수 없던 야곱이 믿음직한 유다를 보고 마음을 바꿉니다. 자기 입장에서 상황을 바라볼 줄 아는 유다가 믿을 만한 것입니다.

[11] 그들의 아버지 이스라엘이 그들에게 이르되 그러할진대 이렇게 하라 너희는 이 땅의 아름다운 소산을 그릇에 담아 가지고 내려가서 그 사람에게 예물로 드릴지니 곧 유향 조금과 꿀 조금과 향품과 몰약과 유향나무 열매와 감복숭아이니라 [12] 너희 손에 갑절의 돈을 가지고 너희 자루 아귀에 도로 넣어져 있던 그 돈을 다시 가지고 가라 혹 잘못이 있었을까 두렵도다 [13] 네 아우도 데리고 떠나 다시 그 사람에게로 가라 [14] 전능하신 하나님께서 그 사람 앞에서 너희에게 은혜를 베푸사 그 사람으로 너희 다른 형제와 베냐민을 돌려보내게 하시기를 원하노라 내가 자식을 잃게 되면 잃으리로다 창 43:11~14

"그러할진대 이렇게 하라"(11절)는 '정말 그럴 수밖에 없다면 이렇게 하라'는 뜻입니다. 적극적인 대처법을 가리킵니다. 돈을 "갑절"로 넣으라는 것은 자신들이 돈에 관심이 없음을 나타내라는 것입니다. 도둑질했다는 오해를 살 필요가 없다는 것입니다.

드디어 야곱이 "전능하신 하나님"(14절)을 찾습니다. 그가 언약 백성 이스라엘(11절)로서 전능하신 하나님 앞에 선 것입니다.

"은혜"(14절)의 일차적 의미는 '여성의 자궁'입니다. 자궁은 생명을 잉태하고 열 달 동안 키우는 곳입니다. 야곱은 아들들에게 여인이 태중의 아이를 보호하듯이 전능하신 하나님이 그들을 보호하실 것이라고 말합니다.

드디어 야곱이 상황을 직시했습니다. 이러면 안 되겠구나 한 것입니다. 야곱은 끊임없이 결단하며 언약의 삶을 살아온 사람입니다. 지금까지 인간적으로 베냐민을 놓지 못하고 붙들고 있었지만, 보낼 결단을 하고 적극적으로 방법을 모색합니다. 애굽 총리에게 선물할 예물도 준비합니다.

야곱은 유다의 말을 듣고 상황을 직시하며 하나님 앞에 설 용기를 냈습니다. 야곱이 "전능하신 하나님"(14절)이라고 멋진 말을 합니다. '다른 존재의 도움이 필요 없으신 분, 스스로 구원의 능력이 되시는 하나님'을 가리키는 표현입니다. 아브라함과 이삭이 사용했던 표현입니다. 마침내 야곱이 전능하신 하나님 앞에 섰습니다. 그 앞에서 "내가 자식을 잃게 되면 잃으리로다"라고 선언합니다.

유다가 아버지에게 믿음을 준 덕분입니다. 예전의 유다는 야곱이 요셉을 아기처럼 바라보며 보호하고 아낀다는 것을 알지 못했습니다. 아비의 마음이 없었기 때문입니다. 그래서 팔아넘길 수 있었습니다. 그랬던 유다가 이제 아버지의 마음을 이해할 정도로 자랐습니다. 형제들에게서 떨어져 홀로 있는 시간 동안 유다는 바닥을 치는 경험을 했고, 덕분에 하나님 앞에 홀로 서는 시간을 가졌습니다. 그는 아버지 앞에 서기 전에 하나님 앞에 기도하며 야곱의 마음을 헤아리고 두려움을 이해했던 것입니다. 참으로 멋집니다. 요셉만 멋진 게 아니라 유다도 멋집니다.

유다 같은 사람이 필요합니다. 살다 보면 어느 순간 무너질 때가 있습니다. 문제가 닥쳤을 때 우리에게 유다가 필요합니다. 주변에 유다 같은 사람이 있으면 회복됩니다. 유다라면 힘든 상황을 직시하고, 그 입장에 서서 기도해 줄 것이기 때문입니다.

창세기 2장에서 하나님은 남자를 만드신 후에 돕는 배필로 여자를 주셨습니다. 여기서 '배필'의 기본 뜻은 '바라보다', '마주 대하다'입니다. 이것은 부부 사이의 말씀도 되지만, 인간관계에 가장 기본이 되는 뜻이기도 합니다. 아담과 하와는 인류 최초의 부부인 동시에 최초의 사회를 이룬 사람들입니다.

세상은 혼자 살아갈 수 없습니다. 함께 사는 대상이 있습니다. 결혼은 상대가 있음을 인식하는 데서 출발합니다. 함께 더불어 살아가는 사람이 있다는 것을 알아야 이기심에서 벗어날 수 있습니다. 개인주의는 개개인의 삶을 인정하는 것이지 남을 무시하거나 자기 멋대로 하는 것이 아닙니다.

인생에서 가장 힘든 것은 무엇일까요? 자기 지신입니다. 자신을 다스리지 못하면 옆에 있는 사람이 힘든 법입니다.

신앙의 삶 자체가 하나님이 묶어 주신 사람들과 인생을 엮어 가는 것입니다. 옆 사람과 문제가 생겼을 때는 한 가지를 기억해야 합니다. 나를 이곳에 묶으신 하나님을 바라봐야 한다는 것입니다. 하나님을 바라보며 살아가다 보면 서로 도와주며 가게 되어 있습니다.

유다처럼 상대를 볼 줄 알아야 합니다. 그 사람의 연약함을 알아야 합니다. 무엇 때문에 떨고 있는지를 이해해야 합니다. 그의 곁에 믿을 만한 신앙인으로서 함께 서 주어야 합니다. 그러면 그 사람이 하나님을 바라볼 용기를 냅니다.

교회에 다닌다고 다 영적인 사람이 아닙니다. 영적인 사람은 교제하고 돌아섰을 때 하나님의 흔적을 남기는 사람입니다. 하나님이 아닌 세상의 흔적이 남는다면 육적인 사람이지요.

내 주변에 친구들이 많습니다. 어떤 친구를 만나고 오느냐에 따라 그날 묵상하는 게 달라집니다. 온통 세상 것만 말하는 친구들을 만나면 할 말이 없습니다. 늘 아파트 시세나 부동산 시세 아니면 주식 얘기만 합니다. 내가 모르는 분야입니다. 또 자식 교육 걱정 얘기뿐입니다. 하나님께 자녀의 인생을 맡기고 기도로 키우는 나로서는 할 말이 없습니다. 모임 내내 말없이 듣고만 있다가 오곤 합니다.

그런데 믿음이 들음에서 나듯이 모임을 파하고 집으로 돌아가는 길에 무슨 생각이 드는지 아십니까? 아파트가 눈에 들어오면 저기는 몇 평에 얼마나 될까 하고 궁금해집니다. 세상의 흔적이 남는 것입니다.

그러면 성도는 아파트나 골프 얘기를 하면 안 된다는 말입니까? 아닙니다. 해도 됩니다. 그러나 진짜 성도라면 이야기가 아파트나 골프로 끝나지 않습니다. 그것을 넘어서는 하나님의 위로와 은혜가 있어야 합니다. "아파트가 없어도 괜찮아. 지금은 좀 힘들어도 걱정하지 마. 하나님이 살아 계셔, 염려하지 마"와 같은 얘기가 나오게 마련입니다. '기-승-전-하나님'인 것입니다.

신앙인의 삶은 하루아침에 바뀌지 않습니다. 신앙은 한 번의 사건으로 증명되는 것이 아니라 삶 속에서 오랜 시간을 통해 증명됩니다. 하나님 앞에서 삶을 통해 증명하는 싸움을 계속해야 합니다.

chapter 4

삶을 통해
증명하라

요셉의 첫 번째 검증,

변화되었는가?

그 형제들이 예물을 마련하고 갑절의 돈을 자기들의 손에 가지고
베냐민을 데리고 애굽에 내려가서 요셉 앞에 서니라 창 43:15

형제들이 베냐민을 데리고 요셉 앞에 섰습니다. 문 앞까지 형제들은
온갖 상상을 하며 왔을 것입니다. 들어가자마자 군병들이 자기들을 포
위할지도 모른다고 생각했을 것입니다.

요셉은 베냐민이 그들과 함께 있음을 보고 자기의 청지기에게 이
르되 이 사람들을 집으로 인도해 들이고 짐승을 잡고 준비하라 이
사람들이 정오에 나와 함께 먹을 것이니라 창 43:16

"보고"는 '어떤 목적을 가지고 유심히 살펴본다'입니다. 베냐민이 맞
는지, 혹시 형들에게 구박을 받아 주눅 들어 떨고 있지는 않은지를 살
펴본 것입니다. 요셉은 그들을 자기 집으로 인도하여 함께 식사합니다.
애굽인들은 정오의 뜨거운 열기를 피하기 위해 휴식 시간을 갖는데, 그
때 형제들을 집으로 초대했습니다.

17 청지기가 요셉의 명대로 하여 그 사람들을 요셉의 집으로 인도
하니 18 그 사람들이 요셉의 집으로 인도되매 두려워하여 이르되

전번에 우리 자루에 들어 있던 돈의 일로 우리가 끌려드는도다 이
는 우리를 억류하고 달려들어 우리를 잡아 노예로 삼고 우리의 나
귀를 빼앗으려 함이로다 하고 ¹⁹ 그들이 요셉의 집 청지기에게 가
까이 나아가 그 집 문 앞에서 그에게 말하여 ²⁰ 이르되 내 주여 우
리가 전번에 내려와서 양식을 사 가지고 ²¹ 여관에 이르러 자루를
풀어 본즉 각 사람의 돈이 전액 그대로 자루 아귀에 있기로 우리가
도로 가져왔고 ²² 양식 살 다른 돈도 우리가 가지고 내려왔나이다
우리의 돈을 우리 자루에 넣은 자는 누구인지 우리가 알지 못하나
이다 <u>창 43:17~22</u>

형제들이 문에 들어서자마자 벌벌 떨며 돈 얘기부터 합니다. 얼마
나 두려웠으면, "우리 자루에", "우리가", "우리를", "우리의"(18절), "우리
가"(20절), "우리가"(21절), "우리가", "우리의", "우리 자루에", "우리가"(22절)
등 "우리"를 이렇게나 강조했겠습니까?

²³ 그가 이르되 너희는 안심하라 두려워하지 말라 너희 하나님, 너
희 아버지의 하나님이 재물을 너희 자루에 넣어 너희에게 주신 것
이니라 너희 돈은 내가 이미 받았느니라 하고 시므온을 그들에게
로 이끌어내고 ²⁴ 그들을 요셉의 집으로 인도하고 물을 주어 발을
씻게 하며 그들의 나귀에게 먹이를 주더라 ²⁵ 그들이 거기서 음식
을 먹겠다 함을 들었으므로 예물을 정돈하고 요셉이 정오에 오기
를 기다리더니 ²⁶ 요셉이 집으로 오매 그들이 집으로 들어가서 예

"너희는 안심하라 두려워하지 말라"(23절)를 직역하면 '평화가 너희에게 있을 것이니 너희는 두려워하지 말라'입니다. "발을 씻게 하며"(24절)는 요셉이 그들에게 손님 대접을 했다는 뜻입니다. 안심할 수 있도록 집에 초청한 것입니다. 요셉의 청지기가 "너희 아버지의 하나님이 재물을 너희 자루에 넣어 너희에게 주셨다"고 말하며 형들을 안심시킵니다.

감금되어 있던 시므온을 데려왔는데, 가혹 행위를 당한 것 같지도 않고 멀쩡합니다. 그를 보는 순간 형제들이 느꼈던 극도의 긴장감이 안도감으로 바뀌었을 것입니다.

형제들은 이미 돈 자루로 시험을 받았습니다. 애굽 총리의 집에 초청받았다고 해서 모든 문제가 해결되었다고 안심할 수는 없습니다. 게다가 아무런 설명도 없이 집으로 이끄니 두려움이 극에 달했을 것입니다. 그래서 문 앞에서부터 돈 자루 이야기를 꺼낸 것입니다. 그런데 집으로 들어가니 발을 씻기며 손님 대접을 후하게 합니다.

27 요셉이 그들의 안부를 물으며 이르되 너희 아버지 너희가 말하던 그 노인이 안녕하시냐 아직도 생존해 계시느냐 28 그들이 대답하되 주의 종 우리 아버지가 평안하고 지금까지 생존하였나이다 하고 머리 숙여 절하더라 29 요셉이 눈을 들어 자기 어머니의 아들 자기 동생 베냐민을 보고 이르되 너희가 내게 말하던 너희 작은 동생이 이 아이냐 그가 또 이르되 소자여 하나님이 네게 은혜 베푸시

기를 원하노라 ³⁰ 요셉이 아우를 사랑하는 마음이 복받쳐 급히 울 곳을 찾아 안방으로 들어가서 울고 ³¹ 얼굴을 씻고 나와서 그 정을 억제하고 음식을 차리라 하매 창 43:27~31

"소자여"(29절)란 문자적으로 '나의 아들이여'라는 뜻이지만, 주로 윗사람이 아랫사람을 부를 때 쓰는 호칭이었습니다.

이 와중에 요셉은 형제들을 주의 깊게 관찰하며 두 가지를 확인하고자 했습니다. 첫째는 "아버지가 살아 계시느냐"입니다. 베냐민이 온 것은 확인했으니 이제 아버지의 생존을 묻는 것입니다.

이것이 왜 중요한지 압니까? 형들이 옛날과 똑같다면, 아버지가 베냐민을 데려가지 말라고 끝까지 말릴 경우에 종들 중 한 명을 골라서 베냐민이라고 속일 수도 있었습니다. 요셉은 형들의 거짓말을 누구보다도 많이 본 사람입니다. 야곱은 형들이 애굽의 총리가 히브리인들의 얼굴을 잘 구별하지 못할 것으로 생각하고 속일 수도 있다고 생각했습니다. 형들이 자기 동생이라고 우기면 애굽 총리가 어떻게 그 사실을 알겠습니까? 예전의 형들이라면 이렇게라도 편법을 썼을 것입니다. 이것이 베냐민이 직접 와야만 하는 가장 큰 이유입니다. 형들의 진실한 변화를 베냐민이 와야만 입증해 주기 때문입니다. 또한 형들이 베냐민을 데리고 왔다는 것은 그들이 아버지 야곱을 설득했다는 뜻입니다. 야곱을 설득했다는 것은 형들이 아버지의 신임을 얻었다는 뜻이 됩니다.

형들이 아버지의 신뢰를 얻지 못하면 진짜 베냐민을 데려오지 못할 것이고, 진짜 베냐민을 데려오지 못하면 편법을 써서 가짜 베냐민을 데려와 요셉을 속이려 했을 테지만 베냐민의 얼굴을 아는 요셉은 충분히 가려낼 수 있었습니다.

그러나 베냐민을 데려와도 야곱이 죽었다면 문제가 달라집니다. 베냐민이 오는 것보다 더 중요한 것은 야곱이 과연 허락할 것인가입니다. 아버지가 돌아가셨다면 베냐민을 데려오기가 너무나 쉬웠을 것입니다. 형들이 가자고 하는데 막내 베냐민이 무슨 수로 저항하겠습니까? 그러니 아버지의 생존을 확인해야 합니다. 아버지가 살아 계셔야 형들이 아버지의 신뢰를 받아 베냐민을 데려올 수 있었다는 것이 입증됩니다.

요셉은 누구보다 야곱의 사랑을 받고 자란 자입니다. 자기가 사라진 후에 야곱이 베냐민을 더 아꼈을 것이 분명했습니다. 형들이 변화되지 않았다면 베냐민도 죽였거나 혹시 살아 있다 해도 야곱이 베냐민을 품에 끼고 살았을 것입니다. 형들이 야곱을 설득해서 베냐민을 데려온다면 형들의 변화를 확신할 수 있습니다. 요셉은 아버지 야곱을 통해 형들의 변화를 확인하고자 했습니다.

아버지가 살아 계시다는 것을 확인한 요셉은 형들이 아버지를 어떻게 설득했는지를 알기 위해 다시 유심히 관찰합니다.

32 그들이 요셉에게 따로 차리고 그 형제들에게 따로 차리고 그와 함께 먹는 애굽 사람에게도 따로 차리니 애굽 사람은 히브리 사람과 같이 먹으면 부정을 입음이었더라 33 그들이 요셉 앞에 앉되 그들의 나이에 따라 앉히게 되니 그들이 서로 이상히 여겼더라 34 요셉이 자기 음식을 그들에게 주되 베냐민에게는 다른 사람

보다 다섯 배나 주매 그들이 마시며 요셉과 함께 즐거워하였더라

창 43:32~34

요셉이 형제들을 위해 상을 차렸는데 나이 순서대로 자리에 앉혔습니다. "이상히 여겼더라"(33절)는 '소스라치게 놀랐다'는 의미입니다. 음식이 나왔는데 베냐민에게는 다섯 배나 더 주었습니다. 애굽에서 숫자 5는 '완전함', '충만함'을 의미합니다.

먹고 마시는 분위기 속에서 형제들의 마음이 모두 풀렸습니다.

형들이 왜 요셉을 팔았습니까? 요셉이 아버지의 사랑을 독차지하고 하나님이 주시는 계시의 꿈까지 꾸었기 때문입니다. 만약 형들이 이전과 달라지지 않았다면, 아버지 야곱을 설득해서 베냐민을 데려왔어도 그를 시기할 것이 뻔했습니다.

열 형제 중에 마음이 불편한 자가 있다면 한 명이라도 얼굴에 나났을 것입니다. 요셉은 누구보다도 시기하는 얼굴을 잘 압니다. 또한 베냐민의 태도도 중요합니다. 만약에 베냐민이 형들에게 구박받고 살았다면 다섯 배를 받을 때 형들의 눈치를 살필 것입니다.

요셉은 베냐민을 향한 사랑을 드러내면서 형들의 태도를 보고자 했습니다. 그는 베냐민에게 형들보다 다섯 배나 많은 음식을 주면서 베냐민과 형들의 낯빛을 살폈습니다.

그런데 형들이 달라져 있었습니다. 베냐민이 다섯 배나 더 많이 받는 걸 보면서도 시기하지 않고 함께 즐거워했습니다. 적어도 자기를 팔아넘길 때의 형들은 아니었습니다. 야곱을 설득해서 베냐민을 데려와

자신들의 정직함을 증명하는 자들이 되었습니다. 요셉과 불편하게 지냈던 그들이 베냐민과는 사이 좋게 지냈습니다.

그러나 형들이 진실되게 변했는지를 알아보는 요셉의 시험은 아직 끝나지 않았습니다.

요셉의 두 번째 검증,
신뢰를 얻었는가?

> 1 요셉이 그의 집 청지기에게 명하여 이르되 양식을 각자의 자루에 운반할 수 있을 만큼 채우고 각자의 돈을 그 자루에 넣고 2 또 내 잔 곧 은잔을 그 청년의 자루 아귀에 넣고 그 양식 값 돈도 함께 넣으라 하매 그가 요셉의 명령대로 하고 3 아침이 밝을 때에 사람들과 그들의 나귀들을 보내니라 4 그들이 성읍에서 나가 멀리 가기 전에 요셉이 청지기에게 이르되 일어나 그 사람들의 뒤를 따라 가서 그들에게 이르기를 너희가 어찌하여 선을 악으로 갚느냐 5 이것은 내 주인이 가지고 마시며 늘 점치는 데에 쓰는 것이 아니냐 너희가 이같이 하니 악하도다 하라 창 44:1~5

"은잔"(2절)은 애굽인들이 물을 부어 점칠 때 사용하는 특별한 용도의 잔입니다. 요셉이 점을 친 것은 아닙니다. "아침이 밝을 때에"(3절)란 새벽을 가리킵니다. 늦게까지 술을 마시고 놀았으니 술이 깨어 알아차리기 전에 일찍 보낸 것입니다. 그리고 청지기를 보내 요셉의 형들에 관한 마지막 검증에 들어갑니다.

화기애애한 분위기에서 형제들과 식사를 마쳤지만, 요셉은 아직 확인할 것이 남아 있습니다. 그래서 베냐민의 자루에 은잔을 넣었습니다. 새벽에 일찍 형제들을 깨워 돌려보내고는 청지기로 그들을 급히 쫓게 합니다. 어찌하여 "선을 악으로 갚느냐"고 묻는 것은 간밤에 요셉이 베푼 호의와 극명하게 대조를 이루기 위해서 일부러 쓴 말입니다.

6 청지기가 그들에게 따라가서 그대로 말하니 7 그들이 그에게 대답하되 내 주여 어찌 이렇게 말씀하시나이까 당신의 종들이 이런 일은 결단코 아니하나이다 8 우리 자루에 있던 돈도 우리가 가나안 땅에서부터 당신에게로 가져왔거늘 우리가 어찌 당신의 주인의 집에서 은 금을 도둑질하리이까 9 당신의 종들 중 누구에게서 발견되든지 그는 죽을 것이요 우리는 내 주의 종들이 되리이다 10 그가 이르되 그러면 너희의 말과 같이 하리라 그것이 누구에게서든지 발견되면 그는 내게 종이 될 것이요 너희는 죄가 없으리라 11 그들이 각각 급히 자루를 땅에 내려놓고 자루를 각기 푸니 12 그가 나이 많은 자에게서부터 시작하여 나이 적은 자에게까지 조사하매 그 잔이 베냐민의 자루에서 발견된지라 13 그들이 옷을 찢고 각기 짐을 나귀에 싣고 성으로 돌아가니라 14 유다와 그의 형제들이 요셉의 집에 이르니 요셉이 아직 그곳에 있는지라 그의 앞에서 땅에 엎드리니 창 44:6~14

형제들은 그들의 자루를 뒤져서 만약에 은잔이 나오면 그는 죽고, 모두가 종이 되겠다고 말합니다. 그러나 청지기는 은잔이 나온 자루를 가진 자만이 종이 될 것이라고 합니다. 베냐민의 자루에서 은잔이 나오자 모두가 경악하며 요셉의 집으로 달려옵니다.

청지기가 형제들의 자루를 푸는 순서가 다분히 의도적입니다. 일부러 형제들의 나이 순서대로 자루를 풀기 시작했습니다. 첫째 르우벤, 둘째 시므온, 셋째 레위… 열째 스불론까지 자루를 뒤졌지만, 은잔은 나오지 않았습니다. 모두가 안도할 때에 마지막 베냐민의 자루에서 은잔이 나왔습니다. 이 시험의 목적은 은잔이 아니었기에 일부러 베냐민의 자루를 맨 나중에 풀도록 한 것입니다.

형제들 사이에 말다툼이 벌어질 만합니다. 은잔보다 은잔을 훔쳐서 문제를 악화시킨 베냐민에게 초점을 맞추고 있습니다. '베냐민의 자루에서 나오지만 않았어도' 하는 마음이 들었을 것입니다. '저런 철딱서니 없는 놈. 아버지를 겨우 설득해서 데려왔건만 은잔을 자루에 넣다니! 아버지께 뭐라고 설명해야 하느냔 말이다. 앞으로 우리는 어떻게 살란 말이냐?' 갖가지 생각이 오갔을 것입니다. 요셉은 일부러 그들에게 베냐민을 버릴 합당한 명분을 줌으로써 형들의 숨은 마음을 드러내고자 했습니다. 형들 속에 있는 진심을 증폭시켰습니다.

요셉이 그들에게 이르되 너희가 어찌하여 이런 일을 행하였느냐
나 같은 사람이 점을 잘 치는 줄을 너희는 알지 못하였느냐 창 44:15

"어찌하여"는 강하게 책망하는 의미입니다. 요셉이 일부러 형들에게 누명을 씌우는 것입니다.

요셉은 형들의 불만이 베냐민에게 집중되도록 했습니다. 그렇게 해서 그들의 부정적인 면을 쏟아내게 했습니다. 즉 베냐민의 잘못을 극대화함으로써 형들의 반응을 살핀 것입니다.

왜 그렇게 해야만 했을까요? 요셉이 보기에도 형들이 예전과는 분명히 달라졌습니다. 그런데 요셉을 팔 때는 잘못이 형들에게 있었지만, 베냐민에게 잘못이 있을 때는 형들이 어떻게 반응할까요? 만약에 베냐민을 버릴 만한 명분을 준다면 형들이 어떤 선택을 할지 보려고 했습니다. 요셉은 형들이 베냐민을 버리고 가도 아버지에게 합리적으로 변명할 거리를 주었습니다.

지금까지는 형제들이 요셉을 팔아 버린 죄책감으로 베냐민에게 더 잘해 줬을 수도 있습니다. 그러나 베냐민의 잘못이 드러나면 그들의 진짜 속마음이 드러날 것입니다. 내심 베냐민을 미워하고 시기했다면, 이 사건을 핑계로 베냐민을 정당하게 버리고 떠날 것입니다. 베냐민을 버릴 이보다 더 좋은 기회는 없을 것입니다. 그래서 요셉은 베냐민의 잘못을 더욱 부각시킵니다.

> 유다가 말하되 우리가 내 주께 무슨 말을 하오리이까 무슨 설명을 하오리이까 우리가 어떻게 우리의 정직함을 나타내리이까 하나님이 종들의 죄악을 찾아내셨으니 우리와 이 잔이 발견된 자가 다 내 주의 노예가 되겠나이다 창 44:16

유다가 나서서 "어떻게 우리의 정직함을 나타내리이까" 하고 묻습니다. '우리의 진실함을 어떻게 입증할 수 있겠느냐'는 질문입니다. 유다의 발언은 매우 중요합니다.

앞으로 유다가 이 일을 풀어 갈 것입니다. 열두 형제 중에 두 기둥, 유다와 요셉이 만났습니다. 유다의 말이 중요한 이유는 요셉과 비교되기 때문입니다. 요셉은 장차 형제들에게 자신의 정체를 밝히고, "내가 잘나서 총리가 된 것이 아니라 하나님이 하셨다"(창 45:7~8)라고 고백할 것입니다. 유다가 요셉이 한 고백을 여기서 먼저 했습니다. 유다의 수준이 요셉의 수준에 맞먹는다는 것입니다.

유다는 베냐민을 책망하지 않았습니다. 다만 하나님이 자신들의 죄악을 찾아내셨으니 모두가 종이 될 것이라고 말합니다. 유다는 이 사건을 하나님 앞으로 가져갔습니다. 철딱서니 없는 베냐민의 문제가 아니라는 뜻입니다. 또한 베냐민이 자기가 하지 않았다고 말한 것을 믿는다는 뜻입니다.

하나님이 죄를 찾아내셨다고 말합니다. 과거에 요셉을 팔아넘긴 죄를 하나님이 물으신다는 뜻입니다. 유다는 지난 22년 동안 요셉을 팔아넘긴 사건을 가슴에 묻은 채 아픔 속에서 살아왔습니다. 그러는 동안에 유다의 신앙이 자랐습니다.

신앙이 자라면 가장 어려운 것이 무엇인 줄 압니까? 자기가 하나님 앞에서 얼마나 바보짓을 했는지 잘 알게 된다는 것입니다. 신앙이 어릴 때는 몰라서 편하게 살지만, 어느 정도 자라고 나면 그동안 살면서 하나님께 저지른 일들이 부끄러워져 괴롭습니다.

몸이 안 좋아서 운동해야겠다고 마음먹었으면서도 미루고 미루다가 디스크가 파열되어 병원에 치료받으러 다닌 적이 있습니다. 운동할 시간이 없다더니 결국 병원에서 2시간씩 치료받게 된 것입니다. 그 시간에 운동했으면 건강했을 텐데, 힘들게 치료받으니 얼마나 바보짓을 했는지 깨달았습니다.

우리는 당해 봐야 비로소 배우고, 겪어 봐야 자신이 얼마나 바보인지를 깨닫습니다. 말로는 알 수 없습니다. 신앙이 자라면 지난날 멋모르고 한 바보짓이 너무 많아 얼굴이 붉어집니다.

죄의 무서움은 한번 죄를 지으면 다시 돌이킬 수 없다는 데 있습니다. 우리는 시간을 되돌릴 수 없습니다. 죄를 짓고 회개해 본 사람은 압니다. 용서를 받아도 죄가 스친 과거가 여전히 함께 간다는 사실을 말입니다. 유다와 형제들은 요셉을 팔았던 것을 뼈저리게 후회했을 것입니다. 그러나 아무리 후회해도 시간을 돌이킬 수는 없습니다. 평생 마음의 짐을 지고 살아가야 합니다. 이것이 죄지은 자의 벌입니다.

유다는 하나님이 죄악을 드러내셨다고 고백합니다. 자기 잘못을 한 순간도 잊은 적 없이 회개의 삶을 살아온 자만이 할 수 있는 고백입니다. 그는 변명하지 않고 하나님이 죄를 드러내셨다고 담담히 고백합니다. 이것이 신앙입니다.

신앙을 사람과 환경의 문제로 푸는 사람은 신앙적으로 성숙한 자가 아닙니다. 신앙은 결국 하나님 앞에 서는 것이기 때문입니다. 하나님 앞에서 물어야 합니다. 하나님께 해답을 얻고 견디든지 버티든지 피하든지 도망가든지 해야 합니다. 어떤 행동을 하든 하나님 앞에서 해야 합니다.

[17] 요셉이 이르되 내가 결코 그리하지 아니하리라 잔이 그 손에서 발견된 자만 내 종이 되고 너희는 평안히 너희 아버지께로 도로 올라갈 것이니라 [18] 유다가 그에게 가까이 가서 이르되 내 주여 원하건대 당신의 종에게 내 주의 귀에 한 말씀을 아뢰게 하소서 주의 종에게 노하지 마소서 주는 바로와 같으심이니이다 [19] 이전에 내 주께서 종들에게 물으시되 너희는 아버지가 있느냐 아우가 있느냐 하시기에 [20] 우리가 내 주께 아뢰되 우리에게 아버지가 있으니 노인이요 또 그가 노년에 얻은 아들 청년이 있으니 그의 형은 죽고 그의 어머니가 남긴 것은 그뿐이므로 그의 아버지가 그를 사랑하나이다 하였더니 [21] 주께서 또 종들에게 이르시되 그를 내게로 데리고 내려와서 내가 그를 보게 하라 하시기로 [22] 우리가 내 주께 말씀드리기를 그 아이는 그의 아버지를 떠나지 못할지니 떠나면 그의 아버지가 죽겠나이다 [23] 주께서 또 주의 종들에게 말씀하시되 너희 막내 아우가 너희와 함께 내려오지 아니하면 너희가 다시 내 얼굴을 보지 못하리라 하시기로 [24] 우리가 주의 종 우리 아버지

에게로 도로 올라가서 내 주의 말씀을 그에게 아뢰었나이다 25 그
후에 우리 아버지가 다시 가서 곡물을 조금 사오라 하시기로 26 우
리가 이르되 우리가 내려갈 수 없나이다 우리 막내 아우가 함께 가
면 내려가려니와 막내 아우가 우리와 함께 가지 아니하면 그 사람
의 얼굴을 볼 수 없음이니이다 27 주의 종 우리 아버지가 우리에게
이르되 너희도 알거니와 내 아내가 내게 두 아들을 낳았으나 28 하
나는 내게서 나갔으므로 내가 말하기를 틀림없이 찢겨 죽었다 하
고 내가 지금까지 그를 보지 못하거늘 29 너희가 이 아이도 내게서
데려가려 하니 만일 재해가 그 몸에 미치면 나의 흰 머리를 슬퍼하
며 스올로 내려가게 하리라 하니 30 아버지의 생명과 아이의 생명
이 서로 하나로 묶여 있거늘 이제 내가 주의 종 우리 아버지에게
돌아갈 때에 아이가 우리와 함께 가지 아니하면 31 아버지가 아이
의 없음을 보고 죽으리니 이같이 되면 종들이 주의 종 우리 아버지
가 흰 머리로 슬퍼하며 스올로 내려가게 함이니이다 창 44:17~31

"요셉이"(15절), "유다가"(16절), "요셉이"(17절), "유다가"(18절), 유다와
요셉이 엎치락뒤치락하며 계속 등장합니다. 겉으로 보기에 지배자와
피지배자의 관계로 보이지만, 이들의 실력이 비등함을 보여 주는 것입
니다.

유다가 "한 말씀을 아뢰게 하소서"(18절) 하고 노하지 말고 자비를 베
풀어 들어 달라고 간청합니다. "말씀을 그에게 아뢰었나이다"(24절)는
애굽 총리의 말을 아버지 야곱에게 잘 풀어 설명했다는 뜻입니다.

유다는 요셉에게 "이 아이" 베냐민이 어떻게 애굽에 오게 되었는지를 설명합니다. 비록 베냐민에게서 허물이 발견된 상태이지만, 유다는 조목조목 따집니다. 베냐민은 형제들이 자진해서 데려온 것이 아니라 애굽의 총리가 명해서 데려왔을 뿐인데, 만약에 처음부터 그들의 말을 믿어 주었더라면 그가 이곳에 올 필요가 없었을 것이라고 말합니다. 그들이 어떤 의도가 있어서 베냐민을 데려오거나 베냐민이 오고 싶어서 온 것이 아니라는 뜻입니다.

또한, "아버지의 생명과 아이의 생명이 서로 하나로 묶여"(30절) 있기 때문에 더욱 데려올 수 없었다고 말합니다. 아버지가 사랑한 아내에게서 두 아들을 낳아 하나는 없어지고 남은 것은 이 아이 하나뿐이라 아버지가 그를 무척 사랑한다고 설명합니다.

"아버지가 아이의 없음을 보고 죽으리니"(31절)의 히브리어 원문은 "아버지가 죽으리니"가 먼저 쓰였습니다. 아버지의 죽음을 강조한 것입니다.

유다는 옛날에 아버지가 요셉을 사랑한다고만 생각했습니다. 그런데 이제는 야곱과 베냐민이 하나로 묶여 있음을 봅니다. 보는 눈이 깊어졌습니다. 요셉을 잃고 나서 야곱이 얼마나 고통스럽게 울었는지를 본 만큼 자기가 한 짓에 대해 무거운 죄책감을 느꼈을 것입니다. 뼈아픈 시간이 사람을 얼마나 매끈하게 다듬는가를 알 수 있습니다.

죄를 지을 때는 그 크기를 알지 못합니다. 아담과 하와가 지은 죄가 무엇입니까? 선악과 한 알을 따 먹은 죄입니다. 과일 하나 먹은 것뿐인데 무슨 큰 죄가 되겠습니까? 겉보기에는 큰 죄가 아닙니다.

하지만 죄의 크기는 우리 안목에 있는 것이 아니라 하나님께 있습니다. 문제는 선악과 열매 하나에 있는 것이 아니라 그것을 먹지 말라고 하신 하나님의 말씀에 있습니다.

우리는 죄를 지을 때 설마 이 정도도 안 될까 하고 고개를 갸웃하지만, 작은 것 하나가 인생을 망칠 수도 있습니다. 어떤 것이 인생을 가로막을지 모르니 문제입니다. 알면 누가 하겠습니까?

어느 날, 두 아들이 내게 "아빠, 아빠는 이렇게 유명해질 줄 언제부터 알았어요?" 하고 물었습니다. 그래서 몰랐다고 대답했습니다. 만일 알았더라면 스타크래프트나 디아블로를 하지 않고 말씀 공부를 더 열심히 했을 것이라고 말해 주었습니다.

신학대학원 3년 내내 항상 1등을 독차지한 동기가 있었습니다. 나는 1등 근처에도 못 갈 것 같아서 아예 생각도 하지 못했습니다. 공부 잘하는 사람이 너무 많았던 것입니다. 뭔가 조금이라도 가능성이 있어야 생각이라도 해보지 않겠습니까?

나는 평소 하던 대로 하자고 마음먹었습니다. 필수과목에 최선을 다하고 나머지는 여유롭게 공부하자는 생각이었습니다. 학부 4학년 때 아내가 장학금을 한 번 받는 모습을 보여 주면 좋겠다고 해서 필사적으로 공부하여 장학금을 받은 적이 있지만, 그때 성적 장학금은 아무나 받는 것이 아니라는 걸 알았습니다. 신대원에서는 장학금에 대한 욕심을 깨끗이 버렸습니다.

신대원 공부는 학부와 차원이 달랐습니다. 특히 합동신학대학원대학교는 공부를 많이 시키기로 유명한 곳입니다. 학업에 열중하던 4학기에 때마침 구약성경과 신약성경 두 과목을 성경 시험으로 대체한다는 소식이 전해졌습니다. 속으로 쾌재를 불렀습니다. 학점을 가능한 한 많이 따 놔야 3학년 때 편할 것 같아서 11개 과목에 21학점을 공부하던 중인데, 그중 두 과목이나 가장 자신 있는 성경으로 시험을 치르게 되었으니 얼마나 다행입니까?

따로 공부하지 않아도 성경 시험은 B+ 정도 받을 자신이 있었습니다. 왜냐하면 신학을 공부하기 전부터 누구보다 성경을 많이 읽고 공부했기 때문에 성경만큼은 따로 시험공부를 하지 않아도 될 정도였습니다. 성경 두 과목에서는 B+만 받으면 되니 마음 편하게 먹고, 다른 과목들의 시험 준비에 집중했습니다.

예상대로 구약성경과 신약성경 두 과목에서 B+가 나왔습니다. 그런데 나머지 9개 과목이 모두 A+였습니다. 내 눈을 믿을 수가 없었습니다. 9개 과목에서 A+를 받을지 꿈에도 몰랐습니다. 순간 기쁨보다 속상함이 밀려왔습니다. 만약에 알았더라면 제일 자신 있는 성경 두 과목도 공부했겠지요. 사실 A+를 받을 자신 있는 과목은 성경 두 과목이 유일했습니다. 공부했다면 내 일생에 처음으로 올 A+를 받았을 것입니다. 1등 할 수 있는 평생 한 번밖에 없는 기회였을지도 모릅니다. 하나님이 기회를 주셨는데 내가 해내지 못한 것입니다.

우리는 모릅니다. 알면 그렇게 안 할 것입니다. 말 한 마디로 세상을 어떻게 바꿀지, 어떤 축복을 받게 될지 누가 알겠습니까? 오늘 입술을 꾹 다물고 참은 것이 훗날 내게 어떤 열매로 돌아올지 알 수 없습니다. 참지 못하고 터뜨린 것이 어떤 결과를 낳을지도 알지 못합니다.

죄의 무서움을 알려 드릴까요? 죄를 짓는 것이 무서운 것이 아닙니다. 한번 죄를 지으면 잊지 못하니 문제입니다. 평생 남습니다. 그러나 그것보다 더 무서운 것이 있습니다. 하나님이 인생마다 시간을 주셨는데, 시간은 지나가면 돌이킬 수 없다는 것입니다.

시간의 무서움을 알고 제때 해야 합니다. 쌓아야 할 것을 제때 쌓지 못했을 때 죄를 짓게 되기 때문입니다. 단순히 믿음을 저버린 것이 문제가 아니라 믿음을 채워야 할 때 채우지 못한 것이 문제가 되는 것입니다.

유다는 죄의 뼈저린 대가를 잊지 않았습니다. 고통의 대가를 치를 때 비로소 아비의 마음을 알게 되었습니다. 그가 아비의 마음을 알고 자신의 잘못을 깨닫자 베냐민을 향한 시기가 사라졌습니다. 베냐민과 아비의 생명이 묶여 있는 것을 볼 수 있었습니다. 그래서 아버지가 곡식을 사 오라고 하자 형제들과 함께 기꺼이 내려갈 수 있었던 것입니다.

예전에는 아버지 야곱의 마음을 헤아릴 줄 몰라서 요셉을 팔아넘겼지만, 이제는 안 된다고 말합니다. 아버지의 생명과 동생 베냐민의 생명이 하나로 묶여 있기 때문입니다.

32 주의 종이 내 아버지에게 아이를 담보하기를 내가 이를 아버지께로 데리고 돌아오지 아니하면 영영히 아버지께 죄짐을 지리이

다 하였사오니 33 이제 주의 종으로 그 아이를 대신하여 머물러 있어 내 주의 종이 되게 하시고 그 아이는 그의 형제들과 함께 올려보내소서 34 그 아이가 나와 함께 가지 아니하면 내가 어찌 내 아버지에게로 올라갈 수 있으리이까 두렵건대 재해가 내 아버지에게 미침을 보리이다 창 44:32~34

유다가 대안을 제시합니다. 무조건 읍소한다고 해서 해결될 문제가 아닌 것을 안 것입니다. 그는 치리권에 걸맞은 고백을 합니다. "대신하여"(33절)는 아브라함이 모리아 산에서 이삭을 대신하여 번제로 드릴 숫양을 발견했을 때(창 22:13) 쓰인 단어와 동일합니다.

유다의 희생이 베냐민을 살리고 형제들을 살리게 되었습니다. 예수 그리스도께서 우리를 대신하여 죽으신 대속의 개념입니다. 그래서 유다가 예수님의 조상이 되었고, 치리자의 전형이 된 것입니다. 예수님을 따라가는 사람은 누군가에게 그늘이 되어야 합니다. 그늘을 드리우기 위해 책임을 다하는 것이 신앙입니다.

나이가 들면서 제일 무겁게 느껴지는 것이 바로 책임감입니다. 책임의 무게를 알았습니다. 어떤 드라마에서 "누군가의 인생에 간섭하는 것은 그 사람의 인생을 책임진다는 뜻이다"라는 대사가 나오더군요. 책임을 지기란 쉽지 않습니다. 부모 노릇이 왜 어려운지 압니까? 철없는 아이들을 잘 키워 내야 하기 때문입니다. 부모니까 부들부들 떨면서도 끝까지 책임을 지는 것입니다. 성숙한 사람의 특징은 책임을 아는 것입니다.

나는 결혼하면서 결단한 것이 있습니다. '바깥일로 집에 가서 짜증을 내지 않는다'입니다. 아버지가 바깥일로 집에 와서 짜증내시는 것을 너무 많이 봤기 때문입니다. 나는 아내와 자녀를 위해서라면 어떤 수모도 당할 각오가 되어 있습니다. 내 가정을 끝까지 책임지리라고 다짐했기 때문입니다. 내가 욕을 먹고, 내 육신이 가루가 되어도 내 가족만은 평안히 살게 해주겠다고 결단했습니다. 책임을 아는 자는 아무렇게나 무너지지 않습니다.

당신이 있음으로 해서 가정이 살아나야 합니다. 남편은 가정의 사역자입니다. 목사가 성도 집에 심방 가서 TV부터 켜나요? 아닙니다. 함께 이야기를 나누고 성도의 가정을 살핍니다. 남편은 집에 들어가면 아내와 자녀들과 이야기를 나누고 집안을 살펴야 합니다. 바깥일이 얼마나 험하고 힘든지 모르느냐고요? 압니다. 그러나 가장의 책임을 다하십시오.

아내들은 살림하랴 아이 키우랴 얼마나 고된지 아느냐고 물을 것입니다. 집안일은 해도 해도 끝이 없고 고됩니다. 나도 해봐서 압니다. 설교와 강의가 더 편합니다. 하지만 고된 그 일을 계속하십시오. 한나가 아들 사무엘을 잘 키웠더니 시대가 달라졌습니다. 사무엘 한 명을 통해 역사가 바뀌었습니다. 한 사람이 잘 자라도록 돌보는 일은 천하를 돌보는 것과 같습니다. 자녀를 위해 무릎 꿇고 기도하십시오. 책임을 다하십시오. 자신의 책임을 다할 때 하나님이 역사하십니다.

유다는 자신이 책임지겠다고 나섰습니다. 그는 책임을 다함으로써 베냐민을 구할 뿐만 아니라 예수 그리스도의 조상이 되는 영광까지도 얻었습니다. "현재의 고난은 장차 우리에게 나타날 영광과 비교할 수 없도다"(롬 8:18)라고 했습니다. 오늘 내가 드린 헌신이 장차 어떤 영광으로 열매 맺힐지 알 수 없습니다.

리처드 범브란트(Richard Wurmbrand) 목사가 쓴 《하나님의 지하운동》에는 루마니아가 공산화되던 시절에 한 목사님이 지하 감옥에서 겪은 이야기가 나옵니다.

어느 날 루마니아 공산당이 종교지도자들을 초청해서 공산당을 찬양하라고 시켰습니다. 그 자리에 앉아 있던 범브란트 목사의 아내가 "당신이 나가서 그리스도의 얼굴에 쓰인 모욕을 씻어 드리세요"라고 말했습니다. "그러면 어떻게 되는지 아시오?" 하고 목사가 묻자 아내가 고개를 끄덕였습니다.

범브란트 목사가 손을 들고 앞으로 나갔습니다. 루마니아를 대표하는 목사가 손을 들고 나오자 공산당원들이 반겼습니다. 그런데 그는 그곳에서 공산당이 아닌 하나님을 찬양하며 하나님 이야기만 했습니다. 모임은 엉망이 되었고 목사는 즉시 감옥에 갇혔습니다.

하지만 공산당이 그를 죽일 수는 없었습니다. 그를 죽이면 종교 핍박으로 비화되어 사회적으로 반발이 일어날 수 있기 때문입니다. 그들은 목사를 변절시키기 위해 모진 고문과 회유를 거듭했습니다. 그런데도 범브란트 목사는 끝까지 버티며 어려움을 견뎌 냈습니다.

급기야 공산당은 마지막까지 남은 범브란트 목사와 몇몇 목회자들을 각각 독방에 가두고, "기독교는 죽었다. 아무도 널 사랑하지 않는다"라는 메시지를 24시간 내내 들려주었습니다. 그리고 가족에게 편지를 쓰게 했습니다. 물론 편지는 가족에게 전달되지 않고 전부 태워졌습니다. 그들은 면회 날이면 오지도 않을 가족을 하염없이 기다리게 만들었습니다. 한참 동안 기다리다 쓸쓸히 돌아갈 때면 간수가 그의 귀에 대고 "누가 당신을 기다리겠나? 당신만 바보짓 하는 거야" 하고 속삭였습니다. 독방에 들어가면 스피커에서 다시 악마의 메시지가 들려옵니다.

"기독교는 죽었다. 아무도 널 사랑하지 않는다."

당시 범브란트 목사는 이런 고백을 했다고 합니다.

"그렇다. 이제 나는 기독교가 죽었다고 믿는다. 그러나 십자가에서 예수님이 돌아가셨을 때 그 밑에서 마리아가 울었던 것처럼 나도 죽은 기독교 아래서 울겠다."

나는 이 책을 다 읽고 나서 무릎을 꿇고 하나님께 기도했습니다.

"주님, 느낌이나 감정에 따라 신앙생활 하지 않겠습니다. 살다 보면 때때로 하나님이 살아 계시지 않는 것처럼 느껴질 때가 있습니다. 그러나 설사 주님이 죽었다 하더라도 떠나지 않고 내게 주어진 자리에서 죽겠습니다. 세상 사람을 변화시킬 능력은 없지만 하나님 나라를 위해 주어진 자리에서 책임을 다하는 신앙인이 되겠습니다."

교회를 처음 시작할 때 드렸던 기도와 같은 내용입니다.

"주님, 모두가 떠나도 나는 하나님이 있으라고 하신 그 자리에 있겠습니다. 제사장마저 타락한 시대에 왕이신 하나님 앞에 나아와 기도했던 한나처럼, 나도 하나님이 있으라고 하시는 그 자리에 있겠습니다."

신앙은 책임입니다. 책임은 말이 아닌 삶으로 보이는 것입니다. 내가 오늘 한 일과 말 한마디가 누군가에게 그늘이 되고 대속이 되어야 합니다.

22년 세월 동안 요셉이 멋있어졌고, 유다가 그에 못지않게 멋있어졌습니다. 유다는 아비의 마음을 아는 자가 되었고, 책임을 다하여 자신의 진실함을 증명했습니다. 요셉은 형제를 배려하고, 갈라서지 않도록 합니다. 사리를 분별하여 형제들에게 스스로 증명할 기회를 주었습니다.

우리는 날마다 자라나야 합니다. 날마다 멋있어져야 합니다. 누군가를 배려하고 세워 주고, 존재만으로도 누군가에게 은혜가 되는 명예로운 성도가 되십시오.

요셉,

먼저 보냄 받은 자

1 요셉이 시종하는 자들 앞에서 그 정을 억제하지 못하여 소리 질러 모든 사람을 자기에게서 물러가라 하고 그 형제들에게 자기를 알리니 그때에 그와 함께한 다른 사람이 없었더라 2 요셉이 큰 소리로 우니 애굽 사람에게 들리며 바로의 궁중에 들리더라 3 요셉이 그 형들에게 이르되 나는 요셉이라 내 아버지께서 아직 살아 계시니이까 형들이 그 앞에서 놀라서 대답하지 못하더라 4 요셉이 형들에게 이르되 내게로 가까이 오소서 그들이 가까이 가니 이르되 나는 당신들의 아우 요셉이니 당신들이 애굽에 판 자라 5 당신들이 나를 이곳에 팔았다고 해서 근심하지 마소서 한탄하지 마소서 하나님이 생명을 구원하시려고 나를 당신들보다 먼저 보내셨나이다 창 45:1~5

요셉이 "근심하지 마소서 한탄하지 마소서"(5절) 반복하여 강소합니다. 요셉은 형들의 얼굴에서 그들의 인생에 근심과 한탄이 서려 있음을 보았습니다. 베냐민을 통해 달라진 형들을 발견한 것입니다. "생명"(5절)은 육적인 것을 넘어 이스라엘의 영적인 구원을 의미합니다. "나를 당신들보다 먼저 보내셨나이다"(5절)는 '사도로서 사명을 받고 먼저 보내심을 받았다'는 뜻입니다.

마침내 요셉이 형제들 앞에서 자신의 정체를 드러냅니다. 그리고 지금까지 일어난 모든 일이 하나님의 주권하에 이루어졌다고 고백합니다. '하나님이 나를 먼저 보내셨다'(5절)는 신학적 용어로 '아포스톨로스'(ἀπόστολος, 사도), 즉 보냄을 받은 자를 가리킵니다.

요셉은 꿈의 사람이 아닙니다. 꿈은 하나님이 꾸게 하셔야 꿀 수 있습니다. 꿈은 요셉을 만들어 가시는 하나님의 주권을 드러낼 뿐입니다. 요셉은 이스라엘의 구원을 위하여 먼저 보냄을 받은 자입니다.

그는 하나님이 자기를 먼저 보내셨다고 고백하면서 형들이 자기를 팔았다고 해서 근심하지 말라고 합니다. 형제들이 자신의 부족함과 시기심으로 요셉을 팔았지만, 하나님이 합력하여 선을 이루게 하셨습니다. 이때 만약 형들이 "네 말을 들으니 결론적으로 우리가 잘했다는 거잖아. 역시 우리가 널 잘 팔았구나"라고 한다면 영화 〈밀양〉 식 기독교가 될 것입니다. 하나님께 구원받았으니 과정쯤이야 무시해도 좋다고, 얘기 그만하자고 할 수 있습니까?

하나님은 요셉을 애굽으로 먼저 보낼 계획을 가지고 계셨지만 형들에게도 잘못이 있습니다.

형들은 지금까지 죄책감에 눌려 살았습니다. 형들은 동생 요셉을 팔아넘긴 대가로 아버지 야곱의 비애를 지켜봐야 했습니다. 그래서 막내 베냐민을 더욱 감싸면서 후회와 죄책감 속에 살아왔습니다. 그러나 이제 그들도 자신의 잘못을 하나님 앞에 가지고 나아가 모든 주권이 하나님께 있음을 고백하게 되었습니다. 아픔을 겪은 세월을 되돌아보니 내 실력과 능력을 뛰어넘어 하나님이 일하고 계셨더라는 것입니다.

믿음이란 이런 것입니다. 말씀 읽고 기도하고 찬양하고 감사하며 예배하는 것만이 아니라 하나님이 인생을 이끌어 가시는 것을 아는 것이 믿음입니다. 나의 능력이 아니라 하나님의 능력으로 사는 것이 믿음입니다. 요셉과 형제들이 이것을 고백합니다. 아름다운 고백입니다.

> 6 이 땅에 이 년 동안 흉년이 들었으나 아직 오 년은 밭갈이도 못하고 추수도 못할지라 7 하나님이 큰 구원으로 당신들의 생명을 보존하고 당신들의 후손을 세상에 두시려고 나를 당신들보다 먼저 보내셨나니 창 45:6~7

요셉은 2년 동안 흉년이 들었으나 아직도 5년이 더 남았다고 말합니다. "당신들의 후손을 세상에 두시려고"(7절), 하나님의 구원은 단순히 야곱의 가족과 요셉을 구하는 것이 아니라 이스라엘 민족을 위한 큰 구원입니다.

하나님의 일하심의 영역은 우리가 보는 시야보다 훨씬 더 넓습니다. 요셉 시대에는 야곱의 가족 70명이 이주한 것에 불과했지만, 그로부터

400년 후에는 이스라엘이라는 민족을 이루었습니다. 뿐만 아니라 장차 예수 그리스도께서 열방을 구원하실 것입니다.

후손을 구원하는 하나님의 계획은 우리 생각을 뛰어넘습니다. 평생 세 사람밖에 전도하지 못했더라도 그 세 사람이 세상을 바꾸고, 역사를 바꿀지는 모를 일입니다. 우리에게는 하나님의 역사를 보는 안목이 없습니다. 당장 눈에 들어오는 것에 혹할 뿐입니다.

구원은 하나님의 역사 가운데 고백되어야 합니다. 개인적인 고백에 머물면 심령이 빈약해집니다. 나만 구원받고 나만 행복하고 나만 잘되기를 바라게 된다는 말입니다. 구원의 은혜는 세대를 흘러가야 합니다.

아브라함이 '나의 후손은 누구인가'의 문제로 평생 씨름하지 않았습니까? 이삭이 있어야 아브라함도 있습니다. 믿음의 후손이 있으므로 지금까지도 아브라함의 이름이 기억되는 것입니다. 이삭이 없었다면 아브라함의 이야기는 잊히고 말았을 것입니다. 하나님의 구원 계획은 이처럼 넓고도 깊습니다.

8 그런즉 나를 이리로 보낸 이는 당신들이 아니요 하나님이시라 하나님이 나를 바로에게 아버지로 삼으시고 그 온 집의 주로 삼으시며 애굽 온 땅의 통치자로 삼으셨나이다 9 당신들은 속히 아버지께로 올라가서 아뢰기를 아버지의 아들 요셉의 말에 하나님이 나를 애굽 전국의 주로 세우셨으니 지체 말고 내게로 내려오사

창 45:8~9

"그런즉 나를 이리로 보낸 이는 당신들이 아니요 하나님이시라"(8절)
는 요셉의 고백은 유다가 베냐민의 자루에서 은잔이 나왔을 때 "하나님
이 종들의 죄악을 찾아내셨으니"(창 44:16) 하고 고백한 것과 일맥상통합
니다. 요셉도 유다도 하나님이 하셨다고 고백합니다.

요셉은 하나님이 그를 '바로의 아버지, 온 집의 주, 애굽 온 땅의 통
치자'(8절)로 세우셨다고 강조합니다. 그러니 "속히" 아버지께 "올라가
서" "지체 말고 내려오시라"(9절)고 말합니다.

요셉은 자신이 성실해서 애굽의 총리가 된 것이 아니라 하나님이 보
내신 것이라고 말합니다. 하나님이 자신을 "애굽 온 땅의 통치자"로 세
우셨다고 강조하는 것은 자기 자랑이 아닙니다. 빨리 가서 아버지께 말
씀드려 모시고 내려오게끔 하기 위해서입니다. 그것이 그가 세움 받은
이유이기 때문입니다.

과연 22년 동안 요셉이 아무것도 한 게 없을까요? 그가 얼마나 정직
하게 산 줄 압니까? 내일을 알 수 없어도 하루를 성실하게 애쓰면서 살
았습니다. 누구보다도 땀과 눈물로 젖은 삶을 살았습니다. 그런데도 그
는 자신의 눈물로 이룬 일이 아님을 고백합니다. 하나님이 그의 땀과
눈물을 통해 삶의 열매를 맺게 하셨다는 것입니다.

10 아버지의 아들들과 아버지의 손자들과 아버지의 양과 소와 모
든 소유가 고센 땅에 머물며 나와 가깝게 하소서 11 흉년이 아
직 다섯 해가 있으니 내가 거기서 아버지를 봉양하리이다 아버지
와 아버지의 가족과 아버지께 속한 모든 사람에게 부족함이 없도

록 하겠나이다 하더라고 전하소서 [12] 당신들의 눈과 내 아우 베
냐민의 눈이 보는 바 당신들에게 이 말을 하는 것은 내 입이라

창 45:10~12

"봉양하리이다"(11절)는 '공급하겠다'는 뜻입니다. "아버지와 아버지
의 가족과 아버지께", 아버지를 세 번이나 반복함으로써 아버지 야곱이
반드시 내려와야 함을 강조합니다. 11절에서 12절 사이에 '그런데 보
라'라는 뜻의 '웨힌네'가 있습니다. 하나님이 보여 주시는 것을 보라고
강조하는 것입니다.

"베냐민의 눈이 보는 바"(12절). 베냐민을 데려온 이유가 여기에 있습
니다. 요셉은 형들이 베냐민을 데려오게 함으로써 그들이 얼마나 변화
되었는지, 또 야곱이 베냐민을 보내는 것을 보고 형들이 얼마나 신뢰
를 얻었는지를 검증했습니다. 또한 요셉은 아버지 야곱이 가나안을 떠
나 애굽으로 내려오도록 가장 잘 설득할 수 있는 건 베냐민이라는 것
을 알았습니다. 그러므로 베냐민이 애굽에서 보고 들은 것을 아버지에
게 잘 전달해야 하는 것입니다. 형들에게 요셉은 애굽의 총리일지 몰라
도 베냐민에게는 유일한 동복형제입니다. 그만큼 요셉을 대변해 줄 사
람이 없는 것입니다.

과연 야곱이 가나안 땅을 쉽게 떠날 수 있을까요? 자식들을 애굽에
보내고 자기는 고향을 지키겠다고 할 수도 있습니다. 그는 축복이 가나
안 땅에만 있는 줄 알고 살아온 사람입니다. 그것 때문에 팥죽을 끓여
서 에서의 장자권을 인간적으로 가져왔고, 아버지 이삭을 속여서 장자

의 축복을 받았습니다. 하란에서 20년 동안 처가살이를 하면서도 내내 가나안 땅으로 돌아오길 소원했습니다. 나이 구십이 넘어서 가나안으로 돌아오는 길에 하나님과 씨름하다가 허벅지 관절에 있는 둔부의 힘줄을 다쳐서 장애를 얻었습니다. 돌아왔지만 그 땅에서 딸 디나의 강간 사건을 겪고, 사랑하는 아들 요셉을 잃었습니다. 그런데도 그는 가나안을 떠나지 않고 머물렀습니다. 그곳에 아브라함과 이삭이 잠든 헤브론의 막벨라 굴이 있기 때문입니다.

할아버지 아브라함이 애굽에서 수치를 당하고, 이질감을 느낀 채 돌아온 이야기를 왜 모르겠습니까. 게다가 130세인데 고향을 떠나 애굽으로 내려오라니 괜히 길을 떠났다가 변사라도 당하면 어떡합니까. 야곱은 축복의 땅인 가나안에서 살기 위해 평생 싸워 왔습니다. 그러니 어떻게 떠납니까? 분명히 "나는 여기서 죽을 테다" 하고 버틸 것입니다.

그래서 요셉이 "하나님이 자기를 먼저 보내셨다"고 강조한 것입니다. 하나님이 그를 애굽의 통치자로 세우신 것은 큰 구원의 뜻이 있기 때문이니 하나님이 하시는 일을 이해하라는 것입니다. 하나님이 하시는 일이라면 야곱도 반응해야 합니다. 요셉은 야곱이 그가 전하는 말을 알아들을 것으로 믿었습니다.

요셉은 가족을 위해 애굽과 가깝지 않으면서 가나안 땅을 바라볼 수 있는 곳을 물색해 두었습니다. 고센입니다. 고센 땅은 나일 강 동쪽에 위치한 지역으로 목축하기에 좋은 곳이었습니다.

단순히 좋은 목축지라서 고른 것은 아닙니다. 고센은 지리적으로 바로가 있는 애굽과 거리가 떨어져 있습니다. 훗날 출애굽하기에 유리한 곳입니다. 이미 들어갈 때부터 나올 생각을 한 것입니다. 요셉은 그들이 애굽에 동화되지 않기를 바랐습니다. 애굽인들과 가까이 있어서 교류하다 보면 동화되기 십상이기 때문입니다. 그는 하나님이 큰 민족을 만드실 것을 알았습니다. 민족을 이룰 때까지 정체성을 유지해야 합니다.

우리는 세상 속에 살면서도 때때로 이질감을 느끼곤 합니다. 세상에 동화되어서는 안 되는 사람들이기 때문입니다. 세상에서 일할 때 자기만 겉도는 것처럼 느껴진다면, 걱정할 것 없습니다. 당연한 현상입니다. 세상 속에 있는데 마냥 좋게만 느껴진다면 그게 오히려 문제입니다.

우리는 세상에 있으면서도 변방에서 살아야 합니다. 변방은 천국에 가까운 곳이기 때문입니다. 이 땅에 사는 동안 하늘과 가까운 곳에서 살아야 합니다. 이것을 지킬 줄 알아야 합니다.

> 13 당신들은 내가 애굽에서 누리는 영화와 당신들이 본 모든 것을 다 내 아버지께 아뢰고 속히 모시고 내려오소서 하며 14 자기 아우 베냐민의 목을 안고 우니 베냐민도 요셉의 목을 안고 우니라
>
> 창 45:13~14

형들이 본 모든 것을 하나도 빠짐없이 아버지에게 자세히 설명하라는 것입니다. 그러니 대충 보지 말고 자세히 보라는 것이죠. 자세히 보고 나서 야곱을 설득하라는 것입니다.

요셉이 또 형들과 입맞추며 안고 우니 형들이 그제서야 요셉과 말
하니라 창 45:15

요셉과 형제들이 비로소 서로를 이해했고 화해했습니다. 형들은 요
셉의 말을 듣고 하나님이 행하신 것들이 이해되었으며 아버지 야곱을
모시러 갈 수 있게 되었습니다.

16 요셉의 형들이 왔다는 소문이 바로의 궁에 들리매 바로와 그의
신하들이 기뻐하고 17 바로는 요셉에게 이르되 네 형들에게 명령
하기를 너희는 이렇게 하여 너희 양식을 싣고 가서 가나안 땅에 이
르거든 18 너희 아버지와 너희 가족을 이끌고 내게로 오라 내가 너
희에게 애굽의 좋은 땅을 주리니 너희가 나라의 기름진 것을 먹으
리라 19 이제 명령을 받았으니 이렇게 하라 너희는 애굽 땅에서 수
레를 가져다가 너희 자녀와 아내를 태우고 너희 아버지를 모셔 오
라 20 또 너희의 기구를 아끼지 말라 온 애굽 땅의 좋은 것이 너희
것임이니라 창 45:16~20

바로가 요셉의 형들에게 "좋은 땅"(18절)을 주겠다고 하는데, 요셉은
고센을 생각하고 있습니다. 당시 수레를 가진 나라는 애굽밖에 없었습
니다. 수레를 보낸다는 것은 최고 예우로 야곱 일행을 국빈 대우하겠다

는 뜻입니다. "기구"(20절)란 의복, 패물 등 온갖 살림살이를 가리킵니다.

바로는 빈 몸으로 와도 좋다고 말합니다. 살림살이가 아깝다고 바리바리 싸 들고 올 필요가 없다는 것입니다. 모든 준비를 해둘 테니 수레를 타고 가볍게 몸만 오라고 합니다. 예를 들어, 세계 제일 부자 빌 게이츠가 내게 "모든 것을 준비해 두었으니 아무것도 가져오지 말고 보내 드린 비행기 표만 들고 오십시오" 하는 것과 다름없습니다.

이런 것에 속지 마십시오. 세상이 주는 기름진 유혹에 빠지지 말라는 뜻입니다. 기도하고 조건을 다 따지고 또 기도하고 결정해야 합니다. 세상의 조건을 기준으로 삼지 마십시오. 독이 됩니다.

사탄은 돌로 떡을 만들자고 합니다. 결과만 좋으면 그만이라고 주장합니다. 그러나 돌로 만든 떡이 배 속에 들어가서 다시 돌로 변할 수 있습니다. 하나님의 방법은 돌로 떡을 만드는 것이 아니라 오병이어에서처럼 떡에서 떡을 만드는 것입니다.

> 21 이스라엘의 아들들이 그대로 할새 요셉이 바로의 명령대로 그들에게 수레를 주고 길 양식을 주며 22 또 그들에게 다 각기 옷 한 벌씩을 주되 베냐민에게는 은 삼백과 옷 다섯 벌을 주고 23 그가 또 이와 같이 그 아버지에게 보내되 수나귀 열 필에 애굽의 아름다운 물품을 실리고 암나귀 열 필에는 아버지에게 길에서 드릴 곡식과 떡과 양식을 실리고 24 이에 형들을 돌려보내며 그들에게 이르되 당신들은 길에서 다투지 말라 하였더라 창 45:21~24

"이스라엘의 아들들이"(21절)는 창세기 전체에서 네 번밖에 나오지 않는 특별한 의미의 구문입니다. 요셉은 "수나귀 열 필에 애굽의 아름다운 물품을 실리고 암나귀 열 필에는 아버지에게 길에서 드릴 곡식과 떡과 양식을"(23절) 실어 보냅니다. 만반의 준비를 한 것입니다. 그리고 형들에게 "길에서 다투지 말라"고 당부합니다.

"이스라엘의 아들들이"는 야곱의 아들들이 애굽으로 내려오는 것이 단순히 기근 때문에 살기 어려워서 오는 것이 아님을 의미합니다. 이들이 바로 언약의 민족 이스라엘이라는 것입니다. 하나님이 이스라엘의 아들들을 향한 큰 계획을 가지고 계시다는 뜻입니다.

요셉은 형제들끼리 싸우지 말라고 당부합니다. 혹시 책임 문제로 다툴까 봐 염려했습니다. 하나님이 하신 일에 더 이상 토를 달 필요가 없다는 것입니다. 요셉은 과거의 일을 문제 삼아 다툴 필요가 없다고 말하는 것입니다. 이스라엘의 아들들에게 상처를 줄 뿐이기 때문입니다.

사람의 과거 문제와 잘못이 하나님이 세워 가시는 역사를 방해할 수 없습니다. 요셉은 하나님이 자르고 쓸고 쪼고 갈아 만드셨고, 형제들 또한 야곱의 아들이기 전에 하나님이 선택하신 백성으로 하나님이 만들어 가시는 중입니다. 이스라엘의 아들들이 집으로 돌아가는 길에 자신들의 부족함과 인간적인 문제 때문에 무너져서는 안 됩니다.

이스라엘의 아들들이 곧 이스라엘 민족입니다. 열두 형제가 곧 열두 지파입니다. 열두 지파는 매우 중요합니다. 사사기 때 베냐민 지파가 없어질 뻔한 사건이 있었지만, 온 지파가 회개하고 베냐민 지파를 살리기 위해서 실로의 딸들로 아내를 삼게 하여 억지로 이어 갑니다. 사라져서는 안 되기 때문입니다.

하나님의 나라를 생각해야 합니다. 성도는 이 땅에서 하나님의 교회를 세우는 사람들입니다. 지금은 아브라함도, 이삭도 없습니다. 그들은 천국에 있습니다. 그들을 대신하여 이 땅에 하나님의 나라를 세울 사람은 그리스도인들밖에 없습니다.

불신자들 앞에서 교회를 욕하지 마십시오. 믿는 사람들끼리는 푸념할 수 있지만 믿지 않는 사람들에게는 하지 마십시오. 언젠가 화살이 되어 당신에게 돌아올 것입니다. 또 믿지 않는 사람들의 구원에 방해가 됩니다.

결혼할 때 집사람과 약속한 게 있습니다. 처가에 가면 남편이 잘해 준다고 말하고, 본가에 가면 아내가 잘해 준다고 말하기로 말입니다. 그래서 나는 늘 장모님께 사랑받고, 우리 어머니는 집사람에게 불만이 없습니다. 부모님이 "너희 가정은 다르다"고 말씀하셨습니다. 그 덕분에 두 분이 마음을 열고 구원을 받으셨습니다.

과연 우리 부부가 한 번도 안 싸웠을까요? 살아가는 모습은 여느 가정이나 다 같습니다. 다만 문제를 푸는 방법이 다른 것뿐입니다. 여기에 그리스도인의 구별된 삶이 있습니다.

우리 교회는 수련회를 마치고 나면 평가회를 하지 않습니다. 평가회에서 보완점을 말하다 보면 열심히 준비했던 사람이 상처를 받게 되기 때문입니다. 보완점을 말할 때는 잘한 점도 같이 말해 주어야 합니다. 말 한마디가 공동체를 살리기도 하고 죽이기도 합니다.

사람의 느낌과 생각은 현실과 180도 다를 수 있습니다. 이것이 한계입니다. 사람은 시간과 공간 안에서 자기가 느끼고 경험한 것밖에는 알수가 없습니다. 이것을 아는 것이 겸손입니다. 신앙이 들어가면 자기도틀릴 수 있는 죄인이라는 것을 깨닫습니다.

사람은 절대로 겸손할 수가 없습니다. 겸손하려고 노력하면 재수가없어집니다. 키 큰 한 목사가 키 작은 내게 와서 겸손하게 "목사님, 나는 키가 그렇게 큰 편이 아니에요"라고 말한다면, 그 순간 나는 난쟁이가 되는 것입니다. 머리숱이 많은 사람이 와서 "목사님, 나는 머리카락이 많이 빠져서 걱정이에요" 한다면 어떨까요? 전교 1, 2등 하는 사람이 "나는 똑똑하지 않아요" 하면 다른 학생들은 졸지에 바보가 됩니다. 입맛 까다로운 사람이 "나는 아무거나 잘 먹어요" 하면, 원래 아무거나다 잘 먹는 나는 돼지란 말입니까?

인간은 겸손할 수가 없습니다. 오로지 하나님을 의식할 때만 겸손할수 있습니다. 외모도 지혜도 건강도 재물도, 하나님이 가져가시면 사라질 것들임을 안다면 아무 말도 할 수가 없는 것입니다. 내 것이 아니라하나님이 주신 것임을 알 때 겸손할 수 있습니다.

족하도다
고백하는 인생

25 그들이 애굽에서 올라와 가나안 땅으로 들어가서 아버지 야곱에게 이르러 26a 알리어 이르되 요셉이 지금까지 살아 있어 애굽

땅 총리가 되었더이다 창 45:25~26a

"올라와", "들어가서", "이르러"(25절), 순식간에 행해지는 것을 볼 수 있습니다. "알리어 이르되"(26a절)란 '자세히 말하다'라는 뜻입니다.

> 26b 야곱이 그들의 말을 믿지 못하여 어리둥절 하더니 27 그들이 또 요셉이 자기들에게 부탁한 모든 말로 그에게 말하매 그들의 아버지 야곱은 요셉이 자기를 태우려고 보낸 수레를 보고서야 기운이 소생한지라 28 이스라엘이 이르되 족하도다 내 아들 요셉이 지금까지 살아 있으니 내가 죽기 전에 가서 그를 보리라 하니라 창 45:26b~28

"어리둥절"(26b절), 즉 '어안이 벙벙하다'는 것입니다. 나이 130세에 엄청난 기근을 만난 것도 놀라운데, 죽은 줄 알았던 요셉이 살아서 애굽의 총리가 되었다니 어안이 벙벙할 수밖에 없습니다. "기운이 소생한지라"(27절)는 '영이 살아나다'의 수사학적 표현입니다. 야곱이 고민했던 문제들이 확 풀렸다는 뜻입니다.

"족하도다"는 의미상 '사실이구나'에 가깝습니다. 요셉이 보낸 수레를 보고서야 실감이 난 것입니다. 실제로 야곱이 크게 만족했음을 표현한 것입니다.

인생에 고비를 만나도 "하나님, 족합니다" 하고 고백할 때가 있습니다. 사실을 뛰어넘는 체험이 있기에 할 수 있는 고백입니다. 야곱은 죽은 줄로만 알았던 요셉이 살아 있음을 알았고, 사상 초유의 기근도 해결하게 되었으니 고민하던 모든 것이 한순간에 풀렸습니다. 이 놀라운 사건을 통해 야곱은 다시금 하나님의 뜻을 발견합니다. "족하도다"(28절). 야곱은 하나님이 하신 모든 일에 크게 만족했습니다.

나는 "족하도다"에 줄을 긋고 기도한 적이 있습니다.

"하나님, 말년에 이 고백을 하면 참 좋겠습니다."

어떤 삶을 살게 될지 모르지만, 어떤 어려움이 있을지 모르지만 주님 앞에 가기 전에 주님께 "내 인생이 참 족했습니다"라고 고백할 수 있다면 행복한 인생이 아니겠습니까?

앞으로 내 인생이 어떻게 흘러갈지 알지 못합니다. 때로 힘들고 벅찰 때도 있을 것입니다. 그러나 어떤 일이든 하나님이 겪게 하시는 이유가 분명히 있을 것이라고 믿습니다.

하나님이 계심을 믿는 것이 신앙입니다. 하나님이 살아 계심을 알면 혈기대로 살 수 없습니다. 철부지 요셉, 영적으로 바닥을 쳤던 유다가 하나님의 손에 의해 멋지고 명예로운 사람이 되었습니다.

하나님은 사랑하는 자를 "징계"(히 12:6)하신다고 했습니다. "징계"로 번역된 영어 단어 'discipline'에는 '만드심'이라는 뜻이 있습니다. 하나님이 만들어 가시는 과정은 즐겁지 않고 고통스럽지만 만들어진 후에는 요셉과 같아진다는 것입니다. 요셉과 유다는 하나님이 만드시는 과정을 겪은 후에야 비로소 각각 장자권과 치리권에 걸맞은 인물이 되었습니다.

사람들은 성경 인물 중에 본받고 싶은 사람을 꼽으라고 하면 요셉,

모세, 아브라함, 바울 등을 꼽으면서도 야곱은 꼽지 않습니다. 나이 칠십이 되도록 결혼도 못하고, 아버지와 형을 속이고 도망쳐서 객지에서 장인에게 사기당하는 고생이나 하고, 나이 구십에 다리를 절고, 자식들에게 사기나 당하는 인물이 좋아 보일 리가 없지요. 그나마도 꿈에 그리던 가나안 땅에서 눈을 감지 못하고 애굽으로 내려가 타향살이를 하다가 죽었으니 사람들이 외면하는 것도 그럴 만하다는 생각이 듭니다.

그러나 나는 성경 인물 중에 가장 닮고 싶은 사람을 꼽으라고 하면 야곱을 선택합니다. 그는 평생 믿음의 싸움을 하며 살았습니다. 그의 인생 속에 기가 막힌 고백이 있기 때문입니다.

"하나님, 족합니다. 내가 죽기 전에 가서 그를 볼 것입니다."

야곱은 하나님이 하신 일에 만족을 넘어선 감사를 표현합니다. 하나님이 행하신 일을 내가 가서 기꺼이 보겠다는 고백입니다.

하나님 앞에 헌신하기로 결단하고 일한다면, 하나님이 과연 어떤 대가를 주실까 기대하지 마십시오. 결단하고 나아가도 평생 별 소득 없이 살다가 죽을 수도 있습니다. 하나님 앞에서 열심을 다했는데 오히려 이상한 일을 당할 수도 있습니다. 그것을 알면서도 가는 것이 신앙입니다. 하루하루 나를 만드시고, 하나님을 더욱 알아 가게 하시는 하나님께 대한 족함과 감사를 배우는 것이 신앙입니다. 이 족함은 무엇인가 성취해야만 느껴지는 것이 아닙니다. 하나님이 행하심을 발견하고, 인생 속에 역사하시는 하나님의 손길을 깨달을 때 족하다고 고백할 수 있습니다.

야곱의 인생은 아브라함이나 이삭이나 요셉 같지 않지만 하나님에 대해 가장 할 말이 많은 인생입니다. 하나님에 대해 고백할 것이 가장 많은 사람입니다. 그만큼 하나님으로 인해 족하다는 고백을 가장 많이 할 수 있는 사람이니 그의 인생은 분명히 부러움을 살 만큼 멋집니다.

혹시 인생의 기근 때문에 예기치 않은 곳으로 가야 한다 할지라도 내 인생이 왜 이렇게 꼬이는가 한탄만 하지 말고, 하나님을 배울 수만 있다면 기꺼이 가겠다는 용기를 내시길 바랍니다.

Part 3

하나님 앞에서
묵묵히
걸어가라

내가 너와
함께 내려가겠다

야곱아,

야곱아

¹ 이스라엘이 모든 소유를 이끌고 떠나 브엘세바에 이르러 그의 아버지 이삭의 하나님께 희생제사를 드리니 ² 그 밤에 하나님이 이상 중에 이스라엘에게 나타나 이르시되 야곱아 야곱아 하시는지라 야곱이 이르되 내가 여기 있나이다 하매 ³ 하나님이 이르시되 나는 하나님이라 네 아버지의 하나님이니 애굽으로 내려가기를 두려워하지 말라 내가 거기서 너로 큰 민족을 이루게 하리라 ⁴ 내가 너와 함께 애굽으로 내려가겠고 반드시 너를 인도하여 다시 올라올 것이며 요셉이 그의 손으로 네 눈을 감기리라 하셨더라 _창 46:1~4_

"이삭의 하나님"(1절)께 제사드리는 이스라엘 앞에 하나님이 '이스라엘아' 하고 부르는 대신에 "야곱아 야곱아"(2절) 부르며 나타나셨습니다. 그리고 "네 아버지의 하나님"(3절)이라고 말씀하십니다. 도대체 종잡을 수 없는 이야기입니다.

야곱이 애굽으로 내려가기 전에 브엘세바에서 아버지 이삭의 하나님께 희생제사를 드립니다. 야곱이 아닌 이스라엘로서, 자기 하나님이 아닌 아버지의 하나님께 제사를 드린 것입니다. 그런데 하나님은 그를 이스라엘로 부르지 않고 "야곱아 야곱아" 하고 부르십니다. 그러자 야곱이 "내가 여기 있나이다" 하고 대답합니다. 하나님이 "나는 네 아버지의 하나님이다"라고 말씀하십니다. 뭔가 복잡합니다.

이스라엘은 언약 백성을 상징하는 이름입니다. 이때 야곱은 단순히 기근을 피해 애굽으로 피난하는 것이 아닙니다. 하나님의 뜻에 따라 큰 구원을 이루기 위하여 애굽으로 가는 것이기 때문에 야곱이 아닌 이스라엘로서 내려가는 것입니다.

야곱은 하나님이 살아 계시며 또 애굽에 요셉이 살아 있다는 것도 알았지만 두려웠습니다. 그는 가나안 땅을 떠나기가 싫었습니다. 그곳에서 눈을 감고 싶었습니다. 할아버지 아브라함과 아버지 이삭과 같이 그 땅에 묻히고 싶었습니다.

그러나 그는 지금 브엘세바에 와 있고 이곳을 떠나면 가나안을 완전히 떠나게 됩니다. 언제 돌아올지 알 수 없는 길입니다. 그는 이곳에서 아비멜렉과 블레셋으로부터 아버지 이삭을 지켜 주셨던 하나님 앞에 제사를 드립니다.

두려움에 떨고 있는 야곱에게 하나님이 말씀하십니다.

"맞다, 내가 네 아버지 이삭을 지켜 주었던 그 하나님이다. 애굽으로 내려가기를 두려워하지 마라. 거기서 너로 큰 민족을 이루게 할 것이다. 내가 너와 함께 가겠다. 그리고 반드시 너를 인도하여 가나안으로 돌아올 것이다. 염려하지 마라. 네 아들 요셉이 네 눈을 감겨 주리라."

이때 하나님은 그를 이스라엘이 아니라 야곱으로 부르셨습니다. 야곱은 약탈자요 발꿈치를 잡은 자입니다. 장자의 축복을 얻기 위해서 형 에서를 따돌리고 아버지 이삭을 속였으며 외삼촌 라반과 다퉜던 이름입니다. 살아남기 위해 산전수전을 다 겪어 본 야곱입니다. 그런 야곱일 때도 하나님이 보호해서 여기까지 이끌어 오셨습니다. 그러니 걱정하지 말라는 겁니다. 끝까지 붙들고 이끌고 사랑할 것이라는 하나님의 마음을 "야곱아, 야곱아"로 표현하신 겁니다.

그런 그에게 "하나님의 언약 백성인 이스라엘아" 하고 부른다면 아마 대답할 힘조차 내지 못할 것입니다. 하나님은 야곱의 심정을 아셨습니다.

"야곱아, 야곱아."

마치 부활하신 예수님이 베드로를 "요한의 아들 시몬아" 하고 부르시는 것만 같습니다. 우리 인생에도 이럴 때가 있습니다. 우리도 베드로가 아닌 요한의 아들 시몬일 때가 있고, 이스라엘이 아닌 야곱일 때가 있습니다. 목사가 아닌 죄인일 때가 있고, 집사나 장로나 권사가 아닌 죄인일 때가 있다는 말입니다.

하나님은 우리가 무너질 때를 아십니다. 우리 심정을 아십니다. 그때 혼내거나 책망하지 않으시고 "내가 너와 함께하겠다. 내가 너를 이끌어 갈 것이다" 하고 말씀하십니다. 두려움에 무너져 버린 그를 하나님이 "팥죽이나 쑤던 야곱아" 하고 부르며 말씀하십니다.

"염려하지 마라. 네가 에서와 싸울 때도, 하란에서 라반과 싸울 때도, 네가 이스라엘이 아닌 야곱이었던 시절에도 너를 사랑하며 너와 함께했던 내가 여전히 네 곁에서 너를 이끌 것이며 변함없이 너를 보호할 것이다."

하나님이 언약 백성 이스라엘에게 말씀하시니 그가 큰 위로를 받았을 것입니다. 내게도 이 본문은 너무도 큰 은혜가 되었습니다. 이스라엘이라는 이름을 감당하기에는 여전히 모자란 힘없는 야곱을 떠나지 않고 함께하시는 하나님이 우리와 함께하십니다.

"두려워하지 마라. 네가 가나안을 떠나도 내가 애굽에 함께 갈 것이다. 그곳에서 죽은 줄로만 알았던 요셉을 만날 것이다. 염려하지 마라. 내가 너를 세울 거야. 네 이름에 걸맞은 민족을 만들어 줄 거야. 너를 부끄럽게 하지 않을 거야. 반드시 이 땅으로 돌아오게 해주마. 야곱아, 야곱아."

야곱은 브엘세바에 서 있습니다. 본토 친척 아비 집을 완전히 떠나는 여행입니다. 이곳을 벗어나면 애굽으로 들어갑니다.

아브라함에게 가장 중요한 장소는 헤브론입니다. 마므레 앞 막벨라 굴을 사서 아내 사라를 장사하였습니다. 하나님이 가나안 땅을 주겠다고 약속하셨지만 그가 실제로 소유한 땅은 사라를 묻은 헤브론의 막벨라 굴뿐이었습니다. 이삭에게 있어서 중요한 땅은 브엘세바입니다. 이삭의 인생에서 하나님을 가장 깊게 체험하고 고백한 장소이기 때문입니다.

야곱에게는 벧엘이 있습니다. 브엘세바에서 떠나 하란을 향해 가다가 길에서 돌베개를 베고 잠들었을 때 야곱은 하늘에 닿은 사닥다리에서 하나님의 사자들이 오르락내리락하는 것을 봤습니다. 그때 하나님이 야곱을 축복해 주셨습니다. 아침에 일찍이 일어나 그곳에 기둥을 세우고 기름을 부어 벧엘이라 불렀습니다.

하란에서 가나안으로 돌아왔을 때 벧엘까지 가지 않고 세겜에서 머물다가 디나의 강간 사건을 겪은 뼈아픈 기억이 있습니다. 환난 날에 벧엘로 올라가 하나님께 제단을 쌓은 야곱입니다. 그만큼 벧엘은 야곱에게 중요한 장소입니다. 사람마다 하나님을 체험한 장소와 방법이 각각 다릅니다. 그래서 저마다 고백이 다른 것입니다.

보통 이스라엘을 가리킬 때 '단에서 브엘세바까지'라는 표현을 씁니다. 단은 이스라엘의 북쪽 끝이고 브엘세바는 남쪽 끝입니다. 우리 식으로 말하자면 신의주에서 부산까지가 될 것입니다. 신의주를 지나면 중국에 닿듯이 브엘세바를 지나면 애굽에 닿게 될 것입니다.

5 야곱이 브엘세바에서 떠날새 이스라엘의 아들들이 바로가 그를 태우려고 보낸 수레에 자기들의 아버지 야곱과 자기들의 처자들을 태우고 6 그들의 가축과 가나안 땅에서 얻은 재물을 이끌었으며 야곱과 그의 자손들이 다 함께 애굽으로 갔더라 7 이와 같이 야곱이 그 아들들과 손자들과 딸들과 손녀들 곧 그의 모든 자손을 데리고 애굽으로 갔더라 창 46:5~7

"이스라엘의 아들들"(5절)이란 표현이 재밌습니다. 야곱의 아들들이 언약의 아들이 되어 가나안 땅을 떠나는 것입니다.

정말 미안해하는 마음은 말이 아닌 행동에서 드러납니다. 입술로만 미안하다고 말하는 것은 오래가지 않습니다. 처음에는 "미안해" 하고 부드럽게 말하지요. 그런데 같은 문제를 또 얘기하면 "미안해!" 하고 힘주어 말합니다. 또 얘기하면 "미-안-해!" 하고 이를 악문 채 한 글자씩 힘을 주어 내뱉습니다. 이렇게 말한다면 그가 정말로 미안해하는 것일까요?

정말로 미안해하는 사람은 대가를 치러도 억울해하지 않습니다. 진짜 미안해하지 않는 것 같으니까 상대방이 여러 번 지적하는 것입니다. 또한 진짜 미안하다면 상대의 마음이 풀릴 때까지 계속해서 미안하다고 말해야 합니다. "내가 미안하다고 했잖아. 그만 좀 해!" 하고 버럭 화낸다면 진정한 사과가 아닙니다.

요셉의 형들은 지난 세월 내내 요셉과 아버지에게 미안한 마음으로 살아왔습니다. 뒤늦게 자신들의 죄를 깨달아 아버지가 베냐민을 사랑하는 것을 인정했고, 막내 동생으로서 아꼈습니다. 집안에 곡식이 떨어지자 온 형제가 한마음이 되어 애굽으로 갔고, 요셉에게서 두 차례나 시험을 당했지만 스스로 변화된 모습을 훌륭히 입증했습니다.

하나님이 요셉과 유다를 멋진 모습으로 깎고 다듬어 세워 주셨지만, 죄를 지은 다른 형제들도 마찬가지로 모난 곳을 쪼고 줄로 쓸고 갈아서 각각 아름다운 보석으로 만들어 주셨습니다. 왜냐하면 야곱의 아들, 열두 형제가 이스라엘 민족의 열두 지파를 이루어야 하기 때문입니다. 형제들의 변화는 스스로 죄를 인식하고 참회의 눈물을 흘리는 대가를 치름으로써 가능했습니다.

야곱의 열두 아들이 애굽에 내려가는데, 실상은 언약의 자손인 이스라엘의 후손이 내려가는 것입니다. 이스라엘의 아들이 되기 위해서 그들은 오랫동안 하나님 안에서 훈련받았습니다. 하나님은 이들 열두 아들을 통해 이스라엘 민족을 만드실 겁니다.

창세기 46장 6~7절에 "애굽으로 갔더라"가 반복해서 강조됩니다. 하나님의 큰 구원을 이루기 위한 위대한 첫걸음이 시작된 것입니다. 열두 아들이 애굽으로 내려가는 것을 기점으로 구원 사역이 본격적으로 시작됩니다. 그래서 '애굽으로 갔더라'가 반복해서 강조된 것입니다.

성경 66권 중에 하나님의 큰 구원을 처음 기록한 책이 바로 출애굽기입니다. 출애굽은 이때 애굽으로 내려간 열두 아들에서부터 비로소 시작됩니다. 위대한 구원의 첫걸음이 어떻게 이루어졌는가를 알려 주고 나서 하나님이 이스라엘을 애굽에서 어떻게 구원해 내시는지를 보여 주는 것입니다. 열두 아들이 하나님의 뜻에 따라 애굽에 내려가지 않았다면 출애굽도 있을 수 없습니다.

출애굽기는 "야곱과 함께 각각 자기 가족을 데리고 애굽에 이른 이스라엘 아들들의 이름은 이러하니"(출 1:1)로 시작하여 열두 아들의 이름을 나열하고 나서 "이스라엘 자손은 생육하고 불어나 번성하고 매우 강하여 온 땅에 가득하게 되었더라"(출 1:7)라고 이들이 애굽에 내려간 뒤 400년 역사를 요약합니다.

하나님은 요셉과 유다를 비롯한 야곱의 아들들을 하나님의 사람으로 만드신 것같이 애굽에서 400년간 야곱의 후손을 이스라엘 민족으로 만드셨습니다. "이스라엘의 아들들"(출 1:1)이 "이스라엘의 자손"(출 1:7)으로 크게 번성했습니다. 하나님이 아브라함에게 주셨던 약속이 성취됨을 시작으로 출애굽이라는 구원의 대서사시가 쓰이게 됩니다.

한 가정의 열두 아들이 애굽에 내려간 것이 인간사에서 뭐 그리 대단한 일이겠습니까? 그러나 이것은 하나님 나라 역사에서 대단히 중요한 사건입니다. 출애굽을 통해 전무후무한 하나님의 큰 구원을 보여 줄 시발점이기 때문입니다.

당시 애굽으로 내려간 야곱과 그의 아들들은 장차 이런 놀라운 일들이 일어날 줄은 꿈에도 상상하지 못했을 겁니다. 기근을 피해 애굽으로 내려간 것뿐인데, 이것이 하나님 나라 역사의 분기점이 될 줄 누가 알았을까요?

신앙의 길이 이와 같습니다. 어쩌다 이사한 곳이 하나님의 역사를 맛보는 현장이 되고, 어쩌다 순종하며 간 길인데 그것이 하나님의 영광을 보는 길인 것입니다. 하나님의 나라는 너무 크고 위대해서 우리 눈으로는 볼 수 없습니다. 그러나 분명한 것은 야곱과 열두 아들이 하나님 안에 있고, 하나님의 인도하심을 따라 길을 떠났듯이 우리 인생도 마찬가지라는 사실입니다.

당신의 삶이 애굽으로 내려가는 것처럼 한숨과 절망뿐이라고 포기하지 마십시오. 믿음으로 가면 믿음의 열매를 보게 되어 있습니다. 주님과 함께 가는 길이 곧 큰 구원을 보는 길입니다.

믿음의
열방이 되어라

8 애굽으로 내려간 이스라엘 가족의 이름은 이러하니라 야곱과 그

의 아들들 곧 야곱의 맏아들 르우벤과 9 르우벤의 아들 하녹과 발루와 헤스론과 갈미요 10 시므온의 아들은 여무엘과 야민과 오핫과 야긴과 스할과 가나안 여인의 아들 사울이요 11 레위의 아들은 게르손과 그핫과 므라리요 12 유다의 아들 곧 엘과 오난과 셀라와 베레스와 세라니 엘과 오난은 가나안 땅에서 죽었고 베레스의 아들은 헤스론과 하물이요 13 잇사갈의 아들은 돌라와 부와와 욥과 시므론이요 14 스불론의 아들은 세렛과 엘론과 얄르엘이니 15 이들은 레아가 밧단아람에서 야곱에게 난 자손들이라 그 딸 디나를 합하여 남자와 여자가 삼십삼 명이며 16 갓의 아들은 시본과 학기와 수니와 에스본과 에리와 아로디와 아렐리요 17 아셀의 아들은 임나와 이스와와 이스위와 브리아와 그들의 누이 세라며 또 브리아의 아들은 헤벨과 말기엘이니 18 이들은 라반이 그의 딸 레아에게 준 실바가 야곱에게 낳은 자손들이니 모두 십육 명이라 19 야곱의 아내 라헬의 아들 곧 요셉과 베냐민이요 20 애굽 땅에서 온의 제사장 보디베라의 딸 아스낫이 요셉에게 낳은 므낫세와 에브라임이요 21 베냐민의 아들 곧 벨라와 베겔과 아스벨과 게라와 나아만과 에히와 로스와 뭅빔과 훕빔과 아릇이니 22 이들은 라헬이 야곱에게 낳은 자손들이니 모두 십사 명이요 23 단의 아들 후심이요 24 납달리의 아들 곧 야스엘과 구니와 예셀과 실렘이라 25 이들은 라반이 그의 딸 라헬에게 준 빌하가 야곱에게 낳은 자손들이니 모두 칠 명이라 26 야곱과 함께 애굽에 들어간 자는 야곱의 며느리들 외에 육십육 명이니 이는 다 야곱의 몸에서 태어난 자이며 27 애굽에서 요

셉이 낳은 아들은 두 명이니 야곱의 집 사람으로 애굽에 이른 자가
모두 칠십 명이었더라 창 46:8~27

성경에서 70은 세상 열국을 상징합니다. "야곱의 집 사람으로 애굽
에 이른 자가 칠십 명"(27절)이라고 했습니다. 이제 믿음의 열국 백성이
시작되었음을 뜻합니다. 하나님은 야곱의 가족 70명으로 언약 백성의
충만함을 만들어 가실 것입니다.

8절부터 야곱과 함께 애굽에 내려간 사람들의 명단이 소개되고 있
습니다. 성경에 등장하는 숫자는 각각 의미가 있습니다. 12는 충만을
의미하고, 7은 완전수입니다. 40은 고난과 역경 속에 새롭게 되는 기간
을 의미합니다. 모세와 이스라엘 백성이 40년 광야 생활을 했고, 예수
님이 40일 금식기도를 했습니다. 이처럼 40은 고난과 역경을 통과하며
불순물이 빠지고 새롭게 되는 기간입니다.

가나안에서 애굽으로 내려간 야곱과 열한 아들의 가족과 애굽에 있
던 요셉의 두 아들까지 모두 70명이었습니다.

대홍수 이후에 노아의 아들들을 통해 인류가 퍼져 나갈 때 기록된
족보를 보면, 야벳의 후손이 14대, 함의 후손이 30대, 셈의 후손이 26대
입니다(창 10장). 모두 70대가 기록되어 있습니다. 의도적으로 70에 맞춘
것입니다. 홍수 이후에 노아의 아들들을 통해 열방에 사람들이 퍼져 나
갔다는 것을 나타내기 위해서입니다.

출애굽기 15장에는 마라의 쓴 물 사건이 기록되어 있습니다. 사건이
벌어진 후에 하나님이 이스라엘 백성에게 '여호와 라파'(치료하시는 하나

님)를 선포하시고 나서 그들이 이른 곳이 엘림입니다. 엘림에는 "물 샘 열둘과 종려나무 일흔 그루"(출 15:27)가 있었습니다.

당시 이스라엘 백성은 200만 명이었습니다. 샘 12개로 어떻게 식수를 해결할 수 있었겠습니까? 종려나무 70그루로 더위를 피할 수나 있었을까요? 여기서 12와 70은 실제적인 숫자가 아니라 충만을 의미하는 12와 세계 열방을 뜻하는 70으로 하나님이 이스라엘 백성을 풍성한 곳으로 이끌어 주셨음을 뜻합니다.

언약을 물려받은 믿음의 후손 70명이 애굽에 내려가서 하나님의 구원 사역을 본격적으로 시작할 것입니다. 하나님의 명예로운 전사들의 명단인 것입니다. 지금은 그들이 누군지도 모르지만, 그들이 애굽에 내려가서 믿음의 열방의 시작이 되었으니 대단한 축복입니다. 성경에 기록된 것이 축복이지요. 하나님은 애굽에 내려간 사람들의 이름을 족보에 모두 기록하게 하셨습니다. "이 사람들을 보라!"는 것입니다.

훗날 출애굽할 때 이들은 조상의 가문을 따라 계수했는데, 모든 진영의 군인 곧 계수된 자의 총계가 603,550명에 달했습니다(민 2:32).

예수님이 전도자 70인을 따로 세워 각 지역으로 둘씩 앞서 보내셨을 때, 그들이 돌아와서 자신들이 한 일에 대해 자랑했습니다. "주여 주의 이름이면 귀신들도 우리에게 항복하더이다"(눅 10:17). 그러자 예수님도 보셨다고 하면서 "귀신들이 너희에게 항복하는 것으로 기뻐하지 말고 너희 이름이 하늘에 기록된 것으로 기뻐하라"(눅 10:20)고 하셨습니다. 그들의 이름이 하늘의 생명책에 기록되었기 때문에 하나님이 그들을 도우셨다는 것입니다.

천국에 가서 어떤 상을 받고 싶습니까? 상상이 안 되지요? 하나님이 당신의 이름을 부르며 당신이 평생 감당했던 하나님의 일에 대해 말씀하실 것입니다. 이 땅에서 사업이 잘되고 부자가 되고 자식도 잘되면 행복할 것 같지만, 그것만으로는 부족합니다. 주님이 당신의 이름을 기억하셔서 당신의 이름이 생명책에 기록되는 것을 기뻐하십시오. 그래야 신앙생활을 제대로 할 수 있습니다.

둘째 아들 하준이를 필리핀에 보낼 때 가르친 것이 있습니다.

"유혹이 닥칠 때마다 네가 하나님의 존귀한 자녀임을 잊지 마라."

하나님이 이름을 기억해 주시는 존귀한 자이며 하나님 나라의 명예로운 자임을 잊지 말라는 것입니다. 그러니 그에 맞게 살아야 한다고 가르쳤습니다.

하나님의 존귀한 자라는 정체성을 잃어서는 안 됩니다. 이것을 기억할 때 행동이 달라지고, 삶이 달라집니다. 세상 것으로 기쁨을 삼으면 안 됩니다. 모세처럼 애굽의 왕자가 되는 것보다 언약 백성에게 약속하신 더 좋은 나라를 바라보는 것을 기뻐해야 합니다.

하나님은 지금도 하나님 앞에 순종하며 살아가는 자들의 명단을 생명책에 적고 계십니다. 70명의 기록을 그냥 지나치지 마십시오. 그들의 명예로운 이름을 기억하십시오. 이들을 통해 하나님이 이스라엘을 만들고 예수님을 보내고 구원의 역사를 만들어 가셨습니다.

나는 성경에 기록된 70명이 부럽습니다. 하나님 나라의 역사 속에 내 이름이 있다면 얼마나 영광스럽겠습니까? 〈시선〉이라는 찬양 가사처럼 살 수만 있다면 멋지지 않겠습니까?

모든 시선을 주님께 드리고

살아 계신 하나님을 느낄 때

내 삶은 주의 역사가 되고

하나님이 일하기 시작하네.

28 야곱이 유다를 요셉에게 미리 보내어 자기를 고센으로 인도하게 하고 다 고센 땅에 이르니 29 요셉이 그의 수레를 갖추고 고센으로 올라가서 그의 아버지 이스라엘을 맞으며 그에게 보이고 그의 목을 어긋맞춰 안고 얼마 동안 울매 30 이스라엘이 요셉에게 이르되 네가 지금까지 살아 있고 내가 네 얼굴을 보았으니 지금 죽어도 족하도다 31 요셉이 그의 형들과 아버지의 가족에게 이르되 내가 올라가서 바로에게 아뢰어 이르기를 가나안 땅에 있던 내 형들과 내 아버지의 가족이 내게로 왔는데 32 그들은 목자들이라 목축하는 사람들이므로 그들의 양과 소와 모든 소유를 이끌고 왔나이다 하리니 33 바로가 당신들을 불러서 너희의 직업이 무엇이냐 묻거든 34 당신들은 이르기를 주의 종들은 어렸을 때부터 지금까지 목축하는 자들이온데 우리와 우리 선조가 다 그러하니이다 하소서 애굽 사람은 다 목축을 가증히 여기나니 당신들이 고센 땅에 살게 되리이다 창 46:28~34

요셉이 "그의 아버지 이스라엘"(29절)을 맞이합니다. 언약 백성임을 강조하는 것입니다. 가나안에서 이제 막 애굽으로 들어온 가족에게 요셉이 가장 먼저 한 이야기는 바로를 만나서 해야 할 말에 대한 당부였습니다. "직업이 무엇이냐"(33절)는 '너는 무엇을 생각하며 사느냐'라는 뜻입니다.

야곱과 가족이 가나안에서 모든 소유를 이끌고 왔으니 애굽 왕에게서는 땅만 제공받으면 됩니다. 바로가 "너희의 직업이 무엇이냐?"고 묻거든 애굽 사람들이 가증히 여기는 목축을 한다고 대답해야 합니다. 요셉은 목축하기에 좋은 땅 고센에서 가족이 살도록 마련해 두었습니다.

사람들은 대개 이런 경우에, 바로가 호의를 베풀 때 애굽에서 제일 값나가는 금싸라기 땅을 요구해야 한다고 생각할 것입니다. 그러나 요셉은 애굽 사람들이 잘 찾지 않는 변두리 땅을 요구했습니다. 장차 어떤 역사가 일어날지 모르는 상태에서 보면 누가 더 현명한 결정을 한 것으로 보입니까? 누군가는 요셉의 판단이 틀렸다고 얘기할지도 모릅니다.

나는 중국 철학자 장자(莊子)를 참 좋아합니다. 그는 사람이 어떤 것을 옳다고 결정하여 정의를 내리는 순간, 틀릴 수 있다고 말합니다. 물컵을 들고 위에서 내려다보며 '이것은 물이다'라고 정의하면, 그것은 완전히 틀린 정의가 될 수 있다는 것입니다. 상대편이 봤을 때 '저것은 컵'이기 때문입니다. 나의 판단과 상대방의 시각이 100퍼센트 다를 수 있습니다. 그러니 나만 옳다고 주장해서는 안 될 것입니다.

장자는 말합니다. "지금 필요한 것이 지금 있는 곳에서 한 발짝 떼면 필요 없는 것이 되고, 필요 없던 것이 필요한 것이 된다." 그러니 '필요 없다, 쓸모없다'는 말을 함부로 해서는 안 됩니다. 앞으로 내게 정말로 필요한 것이 될지도 모르기 때문입니다. 하나님 앞에 어떻게 바뀔지 모르기 때문에 겸손해질 수밖에 없습니다.

아내가 지금까지 살아오면서 '절대'라는 말을 하지 않는 것을 배웠다고 합니다. "절대로 안 할 거야"라고 하면 하나님이 두 번 다시 그런 말을 하지 못하도록 여지없이 깨뜨리셨기 때문입니다. '부모님이 반대하시는 결혼은 절대로 하지 않겠다'고 다짐했는데, 나와 결혼하기 위해 부모님의 반대에 5년이나 맞서야 했습니다. '키 작은 남자랑은 절대로 결혼하지 않겠어'라고 했는데 결국 키 작은 남자와 결혼했습니다. 키도 작은 데다 머리숱까지 적습니다.

그러나 '절대'가 깨지는 것이 은혜입니다. 하나님이 겪게 하시는 인내의 끝에는 반드시 하나님의 뜻이 있습니다. 하나님이 가장 정확하십니다. 이스라엘 민족이 어디에 거주하는 것이 가장 좋은지는 하나님이 정확히 아십니다. 애굽에서 그들이 머물 곳은 애굽의 변방, 고센 땅입니다.

고센,
천국을 준비하는 곳

¹ 요셉이 바로에게 가서 고하여 이르되 내 아버지와 내 형들과 그들의 양과 소와 모든 소유가 가나안 땅에서 와서 고센 땅에 있나이다 하고 ² 그의 형들 중 다섯 명을 택하여 바로에게 보이니 ³ 바로

가 요셉의 형들에게 묻되 너희 생업이 무엇이냐 그들이 바로에게 대답하되 종들은 목자이온데 우리와 선조가 다 그러하니이다 하고 4 그들이 또 바로에게 고하되 가나안 땅에 기근이 심하여 종들의 양 떼를 칠 곳이 없기로 종들이 이곳에 거류하고자 왔사오니 원하건대 종들로 고센 땅에 살게 하소서 _창 47:1~4_

요셉은 "고센 땅"(1, 4절)을 강조합니다. 요셉은 "형들 중 다섯 명을 택하여"(2절) 바로에게 보였습니다. 왜 다섯 명일까요? 앞에서 언급한 것처럼 애굽에서 숫자 5는 '완전함', '충만함'을 뜻하기 때문입니다. 요셉의 말처럼 바로는 형들에게 "너희 생업이 무엇이냐"(3절)고 물었습니다. 당시 애굽에서는 신분에 따라 직업이 정해졌기 때문입니다.

요셉과 형들은 애굽에 동화되지 않기 위해 바로에게 자신들은 뼛속부터 목자라고 소개하며 고센 땅에서 살게 해 달라고 청했습니다.

신앙은 '어디에 있는가'가 매우 중요합니다. 하나님이 시간과 공간을 만드셨습니다. 예수님은 "하늘과 땅의 모든 권세를"(마 28:18) 받으셨습니다. 이것은 하늘과 땅만이 아니라 모든 우주의 권세를 회복하셨다는 뜻입니다.

우리는 우리가 살고 있는 시간과 공간 속에서 사명을 감당합니다. 교회에 갈 것이냐, 집에서 잘 것이냐, 놀러 갈 것이냐는 나의 선택에 달렸습니다. 신앙은 선택을 포함합니다. 자신이 머물 곳을 선택합니다. 그리고 선택한 장소로부터 영향을 받습니다.

눈과 귀가 어디에 있는가가 신앙생활에서 매우 중요합니다. 하나님의 말씀을 듣고 성경을 읽으면 하나님 편으로 가는 것이고, 세상 것들을 보고 들으면 세상으로 가게 되어 있습니다. 거룩한 것을 보고, 경건한 소리를 듣는 곳에 머물 때 거룩해집니다. 음란한 것을 보고, 음탕한 것을 들으면 음란해질 수밖에 없습니다. 어디에서 보고 들을 것인가를 결정하는 싸움을 해야 합니다.

신앙은 선택입니다. 고센 땅으로 가는 선택을 해야 합니다. 화려한 애굽 땅 대신에 변두리이지만 언제든지 출애굽할 수 있는 가나안을 바라보는 고센 땅으로 가야 합니다. 애굽에 살아도 그들 가운데 있어서는 안 됩니다. 언약 백성은 세상에서 구별되어야 하기 때문입니다.

그래서 고센이 중요합니다. 고센 땅을 지키기 위해서 요셉이 얼마나 노력했는지 모릅니다. 애굽 사람들에게서 목축업을 한다고 천대받고 무시받아도 고센 땅을 선택했습니다. 천한 것들이라고 손가락질받는 한이 있어도 애굽 사람들과 떨어져 있겠다는 것입니다.

요셉과 야곱의 가족은 애굽에 살러 온 것이 아닙니다. 잠시 머물러 온 나그네일 뿐입니다. 언젠가 가나안으로 돌아갈 자들입니다. 화려하고 큰 나라 애굽에서 터를 잡고 편안하게 살지 못해도 괜찮습니다. 차라리 고센 땅에서 불편하게 사는 편이 낫습니다. 애굽에 뿌리 내리지 않겠다는 것입니다. 그들이 뿌리 내릴 곳은 약속의 땅 가나안이기 때문입니다.

여행지에서는 숙소가 조금 불편해도 견딜 만하지 않습니까? 곧 집으로 돌아갈 테니까요. 그러나 평생 살 집이라면 모든 것을 꼼꼼히 점검할 것입니다. 그들에게 고센 땅은 여행지에 불과합니다. 애굽에 들어

온 순간부터 가나안으로 다시 돌아갈 준비를 하는 것입니다. 우리가 이 땅에 온 순간부터 천국을 준비하는 것처럼 말입니다.

⁵ 바로가 요셉에게 말하여 이르되 네 아버지와 형들이 네게 왔은 즉 ⁶ 애굽 땅이 네 앞에 있으니 땅의 좋은 곳에 네 아버지와 네 형들이 거주하게 하되 그들이 고센 땅에 거주하고 그들 중에 능력 있는 자가 있거든 그들로 내 가축을 관리하게 하라 _창 47:5~6_

"좋은 곳"(6절)은 '안전하고 아름답고 유익한 땅'입니다. 요셉이 준비한 대로 야곱과 형들이 고센 땅에 거주하게 되었습니다. "그들로 내 가축을 관리하게 하라"는 '이들은 양치기들이니 내 짐승을 기르게 해야겠다'는 것입니다. 왕의 가축을 돌보는 공식적인 직책을 주었다는 뜻입니다. 양치기계에서 가장 높은 자리에 오른 셈입니다.

⁷ 요셉이 자기 아버지 야곱을 인도하여 바로 앞에 서게 하니 야곱이 바로에게 축복하매 ⁸ 바로가 야곱에게 묻되 네 나이가 얼마냐 ⁹ 야곱이 바로에게 아뢰되 내 나그네 길의 세월이 백삼십 년이니이다 내 나이가 얼마 못 되니 우리 조상의 나그네 길의 연조에 미치지 못하나 험악한 세월을 보내었나이다 하고 ¹⁰ 야곱이 바로에게 축복하고 그 앞에서 나오니라 _창 47:7~10_

바로가 야곱에게 나이를 물었습니다. 야곱이 "내 나이 130세, 조상들

의 연수에 미치지는 못하지만 험악한 세월을 보냈습니다"라고 고백합니다. 앞에서 언급한 것처럼 야곱은 130세까지 눈물의 세월을 보냈습니다. 평안한 날이 없었습니다. 그래서 야곱이 성화의 인물입니다. 인생의 모든 굴곡을 다 겪었기 때문입니다.

사실 우리는 힘들다고 말할 자격도 없습니다. 천국에 가서 "내가 얼마나 힘들게 살다 온 줄 아세요?"라고 하면 야곱이 "자네, 나랑 애기 좀 해 볼까?" 할 테고, "남편이 죽고 난 뒤에 어찌나 고생하며 살았던지 나만큼 고생한 사람도 없을 거예요"라고 하면 룻이 와서 "그래요? 어디 나랑 겨뤄 봅시다" 할 것입니다.

야곱은 하나님의 섭리와 계획 가운데 애굽으로 내려왔습니다. 애굽은 믿음의 조상 아브라함도 수치를 당한 땅입니다. 세상을 상징하는 험악한 땅입니다. 그가 살기에는 편한 곳이 아닙니다.

수년 뒤에 은퇴하고 나서 "그동안 여러 사역을 거쳤으니 이제는 원로목사가 되어 쉬엄쉬엄 살겠습니다" 하려는데, 하나님이 "이제 너를 방글라데시 선교사로 보내노라" 하시는 것과 다름없습니다. 71세 노인이 되어 타국에서 낯선 말을 배우며 적응하여 살아야 한다니 얼마나 마음이 힘들고 착잡하겠습니까? 어쩌면 그곳에서 죽을지도 모르는데 두렵지 않겠습니까?

130세가 된 야곱에게 무슨 힘이 있겠습니까? 그러나 당대 가장 막강한 권력자인 바로를 축복해 주었습니다(10절). 그는 축복의 통로이기 때문입니다. 그의 말에 축복이 있습니다.

이것이 성도의 신분입니다. 세상에서 볼품없어 보여도 성도는 축복의 통로입니다. 세상 사람이 잘나서 잘되는 것 같지만 사실 그들을 축복하는 자는 하나님의 백성입니다. 소돔과 고모라는 의인 열 명이 없어서 무너졌습니다. 정치가들이 잘해서 나라가 건재한 것이 아니라 성도들이 기도로 나라를 받치는 것입니다. 바로를 축복한 자가 야곱이라는 것을 잊지 마십시오.

사회와 가정이 하나님 앞에 온전하려면, 그곳을 축복하는 하나님의 사람이 있어야 합니다. 그 사람을 통해 하나님이 일하십니다. 하나님이 "봐라, 야곱이 바로를 축복하고 있다" 하고 보여 주셨습니다. 하나님이 주목하는 사람은 바로가 아니라 야곱입니다. 야곱과 요셉이 있어서 애굽에 평화가 있는 것입니다.

> 11 요셉이 바로의 명령대로 그의 아버지와 그의 형들에게 거주할 곳을 주되 애굽의 좋은 땅 라암셋을 그들에게 주어 소유로 삼게 하고 12 또 그의 아버지와 그의 형들과 그의 아버지의 온 집에 그 식구를 따라 먹을 것을 주어 봉양하였더라 창 47:11~12

"라암셋"(11절)은 나일 강 하류의 삼각주 지역으로 고센 땅의 일부입니다.

요셉은 자신의 계획대로 고센 땅을 얻어 아버지와 형제들을 그곳에서 살게 했습니다. 이스라엘이 애굽 한복판이 아닌 변두리 고센 땅에서 살아야 하는 이유는, 사람은 보고 듣는 것을 종일 생각하게 마련이기 때문입니다. 계속 생각하는 것이 바로 묵상입니다. 자기가 있는 곳, 보는 것에서부터 묵상이 시작됩니다. 그렇기 때문에 마음을 빼앗아 가는 것과는 거리를 두어야 합니다. 자기도 모르게 어느새 푹 빠질 수 있습니다. 무엇엔가 마음을 빼앗겼다 싶으면 얼른 빠져나와야 합니다.

나는 게임을 좋아하고 볼링도 잘 치는 편입니다. 사람들이 어떻게 여러 가지를 할 수 있느냐고 묻곤 하는데, 한마디로 게임을 할 때는 그것만 집중해서 합니다. 볼링을 칠 때는 볼링에만 집중합니다. 그런데 그렇게 하다 보면 볼링을 치는 시간이 아닌데도 사람들의 머리가 모두 볼링 핀으로 보이는 게 문제입니다.

신대원 3학년 때 볼링을 자주 쳤는데, 당시 게임당 1,200원밖에 안 되었기 때문에 네 게임을 쳐도 고작 4,800원이니 '하나님, 이번 학기만 봐 주세요' 하고 열심히 쳤습니다. 볼링을 치다가 안 되면 옆 라인에서 가르치는 전문가들을 유심히 관찰하며 투구 자세를 바로잡기도 했습니다. 마구잡이로 한 것이 아니라 제대로 배우며 친 것이죠. 볼링을 못 치는 사람일수록 핀에 집중합니다. 하지만 잘 치는 사람은 핀을 보지 않습니다. 자세에 집중하지요. 계속 연습하고 끊임없이 묵상하면서 볼링을 쳤습니다. 그렇게 일주일에 5번씩 석 달간 열심히 쳤습니다. 그런 식으로 탁구를 하면 탁구만, 스타크래프트를 하면 스타크래프트만 집중합니다.

게임이나 운동도 제대로 배우려면 그것 한 가지에 집중하고, 계속해서 그것만 생각해야 실력이 늡니다. 실력이 없는 사람들의 특징 중 하나가 무엇 하나 제대로 배우지 못하고 대충대충 한다는 것입니다. 실력이 늘려면 그만큼 물리적인 시간을 들여야 합니다. "서당 개 삼 년에 풍월을 옳는다"는 속담이 있습니다. 어떤 환경에서 보고 자라는가가 얼마나 중요한지 모릅니다.

요셉은 가나안에서 내려온 야곱과 형제들이 애굽의 화려한 문물과 음란한 문화에 현혹되지 않기를 바랐습니다. 마음과 생각이 온통 사로잡히지 않으려면 아예 거리를 두는 것이 좋습니다. 세상 것과 가까워질수록 하나님에게서 멀어지기 때문입니다.

13 기근이 더욱 심하여 사방에 먹을 것이 없고 애굽 땅과 가나안 땅이 기근으로 황폐하니 14 요셉이 곡식을 팔아 애굽 땅과 가나안 땅에 있는 돈을 모두 거두어들이고 그 돈을 바로의 궁으로 가져가니 15 애굽 땅과 가나안 땅에 돈이 떨어진지라 애굽 백성이 다 요셉에게 와서 이르되 돈이 떨어졌사오니 우리에게 먹을 거리를 주소서 어찌 주 앞에서 죽으리이까 16 요셉이 이르되 너희의 가축을 내라 돈이 떨어졌은즉 내가 너희의 가축과 바꾸어 주리라 17 그들이 그들의 가축을 요셉에게 끌어오는지라 요셉이 그 말과 양 떼와 소 떼와 나귀를 받고 그들에게 먹을 것을 주되 곧 그 모든 가축과 바꾸어서 그 해 동안에 먹을 것을 그들에게 주니라 18 그 해가 다 가고 새 해가 되매 무리가 요셉에게 와서 그에게 말하되 우리가 주께 숨기지 아니하나이다 우리의 돈이 다하였고 우리의 가축 떼가 주께로 돌아갔사오니 주께 낼 것이 아무것도 남지 아니하고 우리의 몸과 토지뿐이라 19 우리가 어찌 우리의 토지와 함께 주의 목전에 죽으리이까 우리 몸과 우리 토지를 먹을 것을 주고 사소서 우리

가 토지와 함께 바로의 종이 되리니 우리에게 종자를 주시면 우리
가 살고 죽지 아니하며 토지도 황폐하게 되지 아니하리이다 20 그
러므로 요셉이 애굽의 모든 토지를 다 사서 바로에게 바치니 애굽
의 모든 사람들이 기근에 시달려 각기 토지를 팔았음이라 땅이 바
로의 소유가 되니라 21 요셉이 애굽 땅 이 끝에서 저 끝까지의 백
성을 성읍들에 옮겼으나 22 제사장들의 토지는 사지 아니하였으니
제사장들은 바로에게서 녹을 받음이라 바로가 주는 녹을 먹으므
로 그들이 토지를 팔지 않음이었더라 23 요셉이 백성에게 이르되
오늘 내가 바로를 위하여 너희 몸과 너희 토지를 샀노라 여기 종
자가 있으니 너희는 그 땅에 뿌리라 24 추수의 오분의 일을 바로에
게 상납하고 오분의 사는 너희가 가져서 토지의 종자로도 삼고 너
희의 양식으로도 삼고 너희 가족과 어린 아이의 양식으로도 삼으
라 25 그들이 이르되 주께서 우리를 살리셨사오니 우리가 주께 은
혜를 입고 바로의 종이 되겠나이다 26 요셉이 애굽 토지법을 세우
매 그 오분의 일이 바로에게 상납되나 제사장의 토지는 바로의 소
유가 되지 아니하여 오늘날까지 이르니라 창 47:13~26

기근이 시작된 지 5년이 지나자 애굽에서 곡식을 사 가던 사람들의
돈이 바닥났습니다. 호구지책으로 가축을 가져와 곡식으로 바꾸어 갈
정도였습니다. "그 해가 다 가고 새 해가 되매"(18절), 기근 6년째에 접
어듭니다. 흉년이 끝나려면 아직 1년이나 남았는데 가축까지 동이 났
습니다.

요셉이 "애굽의 모든 토지를 다 사서"(20절) 바로에게 바침으로써 바로가 막강해졌습니다. "추수의 오분의 일"(24절)을 거두어들이기로 합니다. 십일조 개념의 조세법을 만든 것입니다. "애굽 토지법"(26절)을 세움으로써 나라의 기초를 다졌습니다.

요셉은 단순히 기근을 잘 다스린 것만이 아니라 애굽이란 나라의 기틀을 세웠습니다. 만일 그가 애굽에 뿌리를 내리고 살 마음을 먹었다면, 한 성읍을 차지하여 금은보화를 가득 쌓아 두었을지도 모릅니다. 부정한 재산을 쌓는다 한들 누가 뭐랄 사람도 없었을 것입니다. 그러나 그는 애굽 총리로서 많은 것을 챙길 수 있었지만 정직하게 모든 것을 바로에게 바쳤습니다. 그의 관심은 애굽이나 재물에 있지 않았기 때문입니다. 그는 이스라엘이 하나님의 구원을 이루고, 가나안으로 돌아가는 것에만 관심을 두었습니다.

가진 것이 많으면 애굽을 떠나지 못합니다. 신앙의 연륜이 쌓일수록 명심해야 할 것이 있습니다. 평소에 주변을 잘 정리해 두어야 한다는 것입니다. 천국에 가기 편한 삶을 살아야 합니다. 땅의 것을 움켜쥐면 쥘수록 떠나기가 힘들어집니다. 하나님이 언제 부르시든 '아멘' 하고 훌훌 털고 떠날 수 있어야 합니다. 붙잡고 있는 것이 많으면 "주님, 잠깐만요" 하게 되지 않겠습니까?

참으로 멋진 요셉입니다. 훗날 요셉은 죽기 전에 "여기서 내 해골을 메고"(창 50:25) 가나안으로 올라가라고 유언합니다. 그는 이 땅에 머물 생각이 조금도 없는 사람이었습니다. 그러나 애굽 온 땅이 그로 인해 복을 받았습니다. 천국 소망을 가진 자가 땅의 것을 아름답게 만드는 법입니다.

자녀를 위해 기도할 때 잘 먹고 잘사는 것만을 위해 기도하지 마십시오. 중요한 것을 위해 기도하십시오. 그 아이가 있음으로 누군가가 기뻐하게 해 달라고 기도하십시오. 요셉 한 사람이 연단 받으며 믿음의 길을 갔더니 그의 가족뿐 아니라 애굽과 온 땅이 살아났습니다. 신앙은 이렇게 흘러가는 것입니다. 자녀가 요셉 같은 하나님의 사람으로 자라도록 기도하십시오.

좋은 교사가 있으면 학생이 살아나고, 좋은 목사가 있으면 성도가 살아나고, 좋은 정치인이 있으면 나라가 살아납니다. 라합 한 사람의 믿음으로 라합에게 속한 모든 자가 구원받았습니다. 믿음의 사람을 통해 그가 속한 공동체와 지역이 구원받습니다. 반대로, 성도가 하나님의 사람으로 살지 않으면 그가 속한 공동체와 지역이 망합니다. 아담 한 사람의 범죄가 세상에 저주를 가져오지 않았습니까?

성도에게는 영향력이 있습니다. 좋은 것이든 나쁜 것이든 주변에 영향을 끼칩니다. 하나님의 사람으로서 선한 영향력을 펼치십시오. 거룩한 삶을 추구하십시오. 당신이 바로 축복의 통로입니다.

언약 백성은
애굽에 잠들지 않는다

27 이스라엘 족속이 애굽 고센 땅에 거주하며 거기서 생업을 얻어

생육하고 번성하였더라 28 야곱이 애굽 땅에 십칠 년을 거주하였
으니 그의 나이가 백사십칠 세라 29 이스라엘이 죽을 날이 가까우
매 그의 아들 요셉을 불러 그에게 이르되 이제 내가 네게 은혜를
입었거든 청하노니 네 손을 내 허벅지 아래에 넣고 인애와 성실함
으로 내게 행하여 애굽에 나를 장사하지 아니하도록 하라 30 내가
조상들과 함께 눕거든 너는 나를 애굽에서 메어다가 조상의 묘지
에 장사하라 요셉이 이르되 내가 아버지의 말씀대로 행하리이다
31 야곱이 또 이르되 내게 맹세하라 하매 그가 맹세하니 이스라엘
이 침상 머리에서 하나님께 경배하니라 창 47:27~31

언약 백성 '이스라엘'이 고센 땅에 거주하기 시작했습니다. "생육하
고"(27절)란 '열매 맺다', "번성하였더라"(27절)는 '우글거리다'라는 뜻입
니다. 하나님이 그들을 축복하셨다는 뜻입니다.

"이스라엘이 죽을 날이 가까우매"(29절), 언약 백성 야곱에게 죽음
이 닥쳤습니다. "네 손을 내 허벅지 아래에 넣고"(29절), 고대 근동의 가
장 강력한 맹세법입니다. 야곱이 요셉에게 "애굽에 나를 장사하지 아
니하도록 하라"(29절)고 유언합니다. "이스라엘 족속이"(27절), "이스라엘
이"(29, 31절), 언약 백성임을 강조하며 야곱의 유언에 무게를 싣습니다.

야곱은 요셉을 불러 그의 손을 자기 허벅지 아래에 넣고 맹세하게
합니다. 아브라함이 아들 이삭의 아내를 하란에서 데려올 것을 엘리에
셀에게 맹세시킬 때 했던 방법과 같습니다. 남자의 사타구니 사이에 손
을 넣는 것은 대를 이어 충성하겠다는 뜻입니다. 매우 강력한 맹세인

것입니다.

그는 요셉에게 자신을 애굽에 묻지 말라고 당부합니다. 죽어서라도 가나안으로 돌아가야겠다는 강력한 의지입니다. 애굽에서 보낸 17년 세월 동안 야곱이 묵상한 것은 '나는 돌아가리라', 하나뿐이었습니다.

나이가 들면서 많은 생각을 하게 됩니다. 인생에서 정말 중요한 것이 무엇일까, 다른 사람에게 무엇을 심어 주고 무엇을 남길 수 있을까를 생각합니다. 신앙이 깊어질수록 그를 통해 사람들이 어디로 가야 할지 길안내를 받을 수 있어야 합니다.

나는 야곱이 너무 좋습니다. 인생의 모든 고난을 겪었지만, 성경에서 가장 많은 축복의 말씀을 남긴 사람이기 때문입니다. 모든 것을 겪었기 때문에 축복할 수 있는 것입니다. 겪어 봐야 분별할 수 있습니다. 그냥 책상머리에 앉아서는 세상을 제대로 분별할 수 없습니다.

어른이 아이보다 분별력이 좋은 이유는 인생을 살아 봤기 때문입니다. 삶의 경험이 없는 아이들은 어른의 말을 잔소리로 여깁니다. 살아 보지 않아서 모르는 것입니다. 인생길을 먼저 걸은 사람이 그때 그렇게 하지 말았어야 했다고 후회하며 얘기해 줘도 아이들은 이해하지 못합니다. 하지만 그 아이들도 저마다 인생에서 직접 부딪혀 경험하며 알아 갈 것입니다. 그리고 자기 자녀들에게 똑같이 말할 것입니다. 똑같은 말이 세대를 거쳐 반복되는 것입니다. 인생은 겪어 봐야 비로소 알 수 있습니다.

아브라함과 이삭과 야곱 중에 야곱이 가장 큰 축복을 할 수 있는 이유가 여기에 있습니다. 그는 모든 것을 겪었지만 결코 헛되지 않았습니다.

모든 사람이 겪는다고 다 깨닫는 것은 아닙니다. 가난했다가 부자가 된 사람 중에 어떤 이는 가난한 자의 심정을 알고 도와주는가 하면, 또 어떤 이는 더 악착같이 착취합니다. 부유하게 자라서 순수한 마음으로 남을 잘 도울 수도 있지만, 가난이 무엇인지 모르기 때문에 철딱서니 없이 이기적으로 살 수도 있습니다.

자기가 겪은 것으로 주님 앞에 쓸 만한 도구가 되느냐 아니냐는 다른 차원의 이야기입니다. 야곱은 자신이 살면서 겪은 것들을 가치 있게 만들었습니다.

비전에는 두 가지가 있어야 합니다. 비전이 곧 꿈이라고 흔히 말하는데 그렇지 않습니다. 비전은, 첫째 성화의 과정을 통과해야 이룰 수 있습니다. 둘째, 삶을 통해 이루어야 할 사명이 있어야 비전이라고 할 수 있습니다. 그리고 사명은 실력이 있어야만 감당할 수 있습니다.

실력은 없는데 따뜻한 아버지가 좋습니까, 아니면 돈을 잘 벌어다 주지만 냉정한 아버지가 좋습니까? 나는 냉정하더라도 돈을 잘 벌어다 주는 아버지가 좋습니다. 어릴 때 너무 고생했기 때문입니다. 고등학교 때 등록금을 늦게 낸다고 선생님한테 뺨까지 맞아 봐서 그렇습니다. 아버지가 마음과 실력을 모두 갖추었다면 더 바랄 게 없겠지만, 대개 한 가지에 치우치니 문제입니다.

하나님의 사람에게는 마음과 실력이 모두 필요합니다. 하나님의 사람은 성화를 이루어야 합니다. 성화가 되지 않고 직분만 받으면 사람이 무서워집니다. 사람을 품을 줄 알아야 합니다. 그리고 맡겨진 일을 잘 해내는 실력이 있어야 합니다.

목사는 말씀을 연구해야 합니다. 간혹 성경을 아는 것보다 설교를 더 잘하는 목사가 있습니다. 언변의 달란트를 받은 사람입니다. 말재주가 없어도 성경을 열심히 공부한 사람은 하나님이 아십니다만 사람들은 대개 말을 잘하는 사람들을 더 인정해 줍니다. 겉으로 드러나기 때문이죠. 나는 말하기에 은사를 받은 사람입니다. 그래서 더욱더 성경을 많이 읽습니다. 설교를 더 잘하고 싶다거나 남들에게 인정받고 싶어서가 아닙니다. 목사로 부름 받은 만큼 평생 감당해야 할 싸움이기 때문입니다. 목사라면 잘하든지 못하든지 말씀과 씨름해야 하고 기도해야 합니다. 하나님이 은사를 주지 않으셔서 못하는 것은 할 말이 있지만, 말씀을 보지 않아서 못한다면 할 말이 없기 때문입니다. 설교를 잘하고 못하고는 그다음 문제입니다. 목사는 하나님의 말씀을 맡은 자로서 열심히 공부해야 할 의무가 있습니다.

하나님이 우리 삶에 맡겨 놓으신 것들이 있습니다. 가정, 직장, 교회 등이 그것입니다. 나중에 하나님 앞에 서게 될 날이 올 텐데 세상 사람처럼 살았다면 참 민망하고 곤란할 것입니다. 어느 곳에서나 하나님의 영광을 드러내는 삶을 살아야 하는 것입니다. 가정, 직장, 교회 세 곳에서 하나님의 사람으로서 실력을 쌓아야 하며 성화를 이루어야 합니다.

그러니 하나님이 맡기신 세 곳을 잘 세워 가십시오. 직장생활을 열심히 하고 돈도 많이 벌어야 합니다. 목사가 말씀을 전하고, 학생이 공부하는 것처럼 직장인은 직장에서 성실히 일해야 합니다. 집안일에도 교회 일에도 충실해야 합니다. 이것이 온전한 신앙생활입니다. 세 영역이 모두 안정되어야 신앙도 안정됩니다.

신앙은 나이 먹듯이 자라 가야 합니다. 성화를 이루어 나가야 합니다. 나는 소망이 있습니다. 70~80대 노인이 되어도 청년들이 상담하러 왔을 때, 분별력 있게 상담해 주고 축복하는 사람이 되는 것입니다. 그래서 늙어서도 분별력을 잃지 않았던 야곱이 존경스럽고, 그런 그를 사랑합니다.

하나님이 겪게 하시는

인내의 끝에는

반드시

하나님의 뜻이 있습니다

chapter 6

믿음에서
믿음으로 이어지다

요셉의 장자권과
야곱의 축복

¹ 이 일 후에 어떤 사람이 요셉에게 말하기를 네 아버지가 병들었다 하므로 그가 곧 두 아들 므낫세와 에브라임과 함께 이르니 ² 어떤 사람이 야곱에게 말하되 네 아들 요셉이 네게 왔다 하매 이스라엘이 힘을 내어 침상에 앉아 ³ 요셉에게 이르되 이전에 가나안 땅 루스에서 전능하신 하나님이 내게 나타나사 복을 주시며 ⁴ 내게 이르시되 내가 너로 생육하고 번성하게 하여 네게서 많은 백성이 나게 하고 내가 이 땅을 네 후손에게 주어 영원한 소유가 되게 하리라 하셨느니라 ⁵ 내가 애굽으로 와서 네게 이르기 전에 애굽에서 네가 낳은 두 아들 에브라임과 므낫세는 내 것이라 르우벤과 시므온처럼 내 것이 될 것이요 ⁶ 이들 후의 네 소생은 네 것이 될 것이며 그들의 유산은 그들의 형의 이름으로 함께 받으리라 ⁷ 내게 대하여는 내가 이전에 밧단에서 올 때에 라헬이 나를 따르는 도중 가나안 땅에서 죽었는데 그곳은 에브랏까지 길이 아직도 먼 곳이라 내가 거기서 그를 에브랏 길에 장사하였느니라(에브랏은 곧 베들레헴이라) 창 48:1~7

"이 일 후에"(1절), 앞 장의 야곱의 유언과 매우 밀접한 관련이 있음을 보여 줍니다. "네 아버지가 병들었다"(1절), 야곱이 노쇠했다는 뜻입니다. "힘을 내어"(2절)는 '강하다, 견고히 하다'라는 뜻으로 마지막 힘까

지 강하게 내는 것입니다. "네가 낳은 두 아들 에브라임과 므낫세는 내 것이라"(5절)는 야곱이 요셉과 애굽인 여인 사이에서 낳은 혼혈아 손자들에게 장자권을 주기 위한 발언입니다.

죽음을 앞둔 야곱이 마지막으로 요셉에게 장자권을 주기 위해 요셉의 아들 에브라임과 므낫세를 아들 삼겠다고 말합니다. 이것은 그가 애굽에 들어온 때부터 내내 준비해 온 말입니다.

왜냐하면 요셉의 아들 에브라임과 므낫세는 유대인의 순수 혈통이 아니기 때문입니다. 그들은 "애굽 땅에서 온의 제사장 보디베라의 딸 아스낫이"(창 46:20) 낳은 혼혈아였습니다. 이 사실이 요셉에게는 부담이었습니다. 야곱이 살아 있고 자신이 애굽의 총리로 있는 한 별 문제가 없겠지만, 야곱이 죽고 자기마저 세상을 떠나고 나면 혼혈인인 에브라임과 므낫세는 가나안 혈통의 형의 자녀들 틈바구니에서 설 곳을 잃을 수도 있기 때문입니다.

다음 세대를 걱정해야 할 때가 된 것입니다. 에브라임과 므낫세는 가나안에서 함께 자란 요셉의 형제들의 자녀들과는 자라온 문화가 다릅니다. 그들과 유대감도 없었습니다. 에브라임과 므낫세는 가나안에 가 본 적도 없습니다. 태어나면서부터 애굽의 귀족 문화를 향유하며 살아왔습니다. 형제들의 자녀들과 하나 되기 어려운 상황이었습니다.

이것을 야곱은 잘 알고 있었습니다. 그는 분별력이 있는 자였습니다. 나이가 들어서 해야 할 일들 중의 하나는 믿음의 유산을 남기는 것입니다. 주변 정리를 잘해야 합니다. 전 세대가 정리해 놓지 않으면 후대에 다툼이 일어납니다.

아브라함은 하나님이 이삭을 선택하셨으므로 이스마엘을 내보냈습니다. 그런데 사라가 죽은 뒤에 맞아들인 후처 그두라에게서 자녀를 너무 많이 낳았습니다. 하나님이 선택하신 믿음의 후계자는 오직 이삭 한 명뿐이었습니다. 아브라함이 죽고 나면 집안싸움이 벌어질 게 빤합니다. 그래서 아브라함은 생전에 재산을 정리하여 자식들에게 나누어 주고 자기 아들 이삭을 떠나 멀찌감치 동방으로 가서 살게 했습니다. 깨끗하게 정리한 것입니다. 덕분에 아브라함의 사후에 아무런 문제도 일어나지 않았습니다(창 25:1~7).

그리스도인이라면 언제든 천국에 갈 준비를 해 두어야 합니다. 천국을 사모한다고 하면서도 왜 미리 준비해 두지 않는지 모르겠습니다. 어쩌면 가고 싶은 생각이 없는지도 모릅니다.

나는 아내와 아들들에게 미리 말해 두었습니다. 혹시 내가 갑자기 하나님의 부르심을 받거든 어디어디를 잘 찾아보라고 했습니다. 유언장과 함께 모든 은행계좌와 비밀번호 등을 기록해 두었습니다. 그리고 우리 교회 사무실에 가면 화가가 그려 준 내 초상화가 있다고 말해 주었습니다. 만약에 내가 65세 이전에 죽으면 이 그림을 영정 사진 대신 걸어 달라고까지 했습니다. 65세가 지나면 새로운 초상화를 그릴 계획입니다.

평소에 재정 정리를 잘해 놓고, 유언이나 영정 사진도 준비해 놓는 것이 좋습니다. 자녀들 사이에 싸움이 벌어지게 해서는 안 됩니다. 믿음의 사람들은 모두 천국에 가기 전에 주변을 잘 정리했습니다. 아브라함이 그랬고 야곱도 그랬습니다.

야곱은 자기가 죽은 후에 후손들 사이에서 일어날 만한 문제를 미리 정리해 놓습니다. 에브라임과 므낫세를 자녀로 삼음으로써 요셉의 형제들과 같은 급으로 올려 버렸습니다. 장자의 유산은 두 몫입니다. 야곱이 요셉에게 장자권을 준 것입니다.

이것은 야곱의 개인적인 감정에서 나온 아이디어가 아닙니다. 하나님이 요셉에게 장자권을 주신 것을 알기에 하나님의 뜻에 따라 처리한 것입니다. 요셉에게 장자권을 준 것은 요셉 지파를 버릴 수 없다는 뜻입니다.

야곱은 침상에서 일어나려면 있는 힘을 다 내야 할 정도로 육신이 쇠약했지만, 영적인 상태와 정신만큼은 어느 때보다 온전했습니다. 우리도 이런 분별력을 가져야 합니다.

혼혈아 에브라임과 므낫세가 장자권을 받았습니다. 하나님의 선택은 혈통에 있지 않고 오직 하나님의 주권 아래 있습니다. 열두 아들 중에 열한 번째 아들이, 그것도 그의 혼혈인 아들들이 장자권을 가져갔다는 것은 사실 선뜻 이해하기 힘든 선택입니다. 하나님의 선택은 세상의 조건에서 나오는 것이 아니라는 또 하나의 증거입니다.

8 이스라엘이 요셉의 아들들을 보고 이르되 이들은 누구냐 9 요셉이 그의 아버지에게 아뢰되 이는 하나님이 여기서 내게 주신 아들들이니이다 아버지가 이르되 그들을 데리고 내 앞으로 나아오라 내가 그들에게 축복하리라 10 이스라엘의 눈이 나이로 말미암아 어두워서 보지 못하더라 요셉이 두 아들을 이끌어 아버지 앞으로

나아가니 이스라엘이 그들에게 입맞추고 그들을 안고 11 요셉에게
이르되 내가 네 얼굴을 보리라고는 생각하지 못하였더니 하나님이
내게 네 자손까지도 보게 하셨도다 12 요셉이 아버지의 무릎 사이
에서 두 아들을 물러나게 하고 땅에 엎드려 절하고 13 오른손으로
는 에브라임을 이스라엘의 왼손을 향하게 하고 왼손으로는 므낫세
를 이스라엘의 오른손을 향하게 하여 이끌어 그에게 가까이 나아
가매 창 48:8~13

"하나님이 여기서 내게 주신 아들들"(9절), 요셉은 에브라임과 므낫
세가 단순히 혼혈아가 아니라 언약 백성임을 강조합니다. "이스라엘
이"(8절), "이스라엘의", "이스라엘이"(10절), "이스라엘의"(13절), 계속 이
스라엘을 반복함으로써 언약의 상속자임을 밝힙니다.

요셉은 자신의 두 아들이 언약 백성 안에 들어가기를 소망했습니다.
두 아들을 야곱 앞에 세워 축복을 받게 합니다. 요셉은 장남 므낫세를
야곱의 오른손 쪽으로 서게 하고, 둘째 에브라임을 야곱의 왼손 쪽에
세웠습니다. 장자가 축복을 받도록 므낫세를 야곱의 오른쪽에 세운 것
입니다. 오른손이 축복과 권능의 손이기 때문입니다.

14 이스라엘이 오른손을 펴서 차남 에브라임의 머리에 얹고 왼손
을 펴서 므낫세의 머리에 얹으니 므낫세는 장자라도 팔을 엇바꾸
어 얹었더라 15 그가 요셉을 위하여 축복하여 이르되 내 조부 아브
라함과 아버지 이삭이 섬기던 하나님, 나의 출생으로부터 지금까

지 나를 기르신 하나님, 16 나를 모든 환난에서 건지신 여호와의 사
자께서 이 아이들에게 복을 주시오며 이들로 내 이름과 내 조상 아
브라함과 이삭의 이름으로 칭하게 하시오며 이들이 세상에서 번식
되게 하시기를 원하나이다 17 요셉이 그 아버지가 오른손을 에브
라임의 머리에 얹은 것을 보고 기뻐하지 아니하여 아버지의 손을
들어 에브라임의 머리에서 므낫세의 머리로 옮기고자 하여 18 그
의 아버지에게 이르되 아버지여 그리 마옵소서 이는 장자이니 오
른손을 그의 머리에 얹으소서 하였으나 19 그의 아버지가 허락하
지 아니하며 이르되 나도 안다 내 아들아 나도 안다 그도 한 족속
이 되며 그도 크게 되려니와 그의 아우가 그보다 큰 자가 되고 그
의 자손이 여러 민족을 이루리라 하고 창 48:14~19

눈이 어두운 야곱이 "팔을 엇바꾸어"(14절) 에브라임과 므낫세의 머
리에 손을 얹었습니다. "이삭이 섬기던 하나님"(15절)의 '섬기다'는 '좇
다'라는 뜻입니다.

하나님 앞에 나아가 예배드리는 게 하나님을 섬기는 전부가 아닙니
다. 사는 내내 하나님을 좇는 것이 섬기는 것입니다. 돈을 좇으면 돈을
섬기는 것이고, 명예를 좇으면 명예를 섬기는 것입니다. 좇는 것이 곧
섬기는 것입니다.

예배에는 '절하다, 섬기다'라는 뜻이 있습니다. 어떤 것에 절하면 그
것을 예배하는 셈이라는 것이죠. 돈에 굴복하면 돈을 예배하는 것이요
하나님께 굴복하면 하나님을 예배하는 것입니다. 야곱이 아브라함과

이삭이 굴복하고 좇았던 하나님께 기도합니다.

"나를 모든 환난에서 건지신"(16절)을 직역하면 '나를 모든 악에서 구원하신'입니다. 환난은 어둠뿐 아니라 모든 악한 상태, 즉 모든 부정적인 상태를 포함한 말로서 하나님이 그런 상태에서 야곱을 건지셨다는 것입니다. 자신이 잘나서 살아온 게 아님을 고백하며 모든 악한 상태에서 건져 주신 여호와께서 요셉의 두 아들에게 복 주시기를 원한다는 것입니다.

"보고 기뻐하지 아니하여"(17절)를 직역하면 '그러나 그의 눈이 보고 악하게 여겼다'입니다. 성경에서 악은 윤리·도덕의 문제가 아니라 하나님의 뜻에 반하는 행동을 가리킵니다.

요셉은 아버지 야곱이 손을 엇바꾸어 장남 므낫세가 아닌 둘째 에브라임의 머리에 오른손을 얹은 것을 보고 기뻐하지 아니할 뿐 아니라 악하게까지 여겼습니다. 요셉이 야곱의 행동을 악하게 본 것은 야곱이 악한 사람이기 때문이 아니라 그가 하나님의 뜻을 거스르는 행동을 했다고 봤기 때문입니다. 요셉은 장자의 축복은 당연히 장남 므낫세가 받아야 한다고 생각했습니다. 그렇지 않으면 하나님의 뜻에 반하므로 잘못된 것으로 여겼습니다.

성경이 말하는 선과 악은 세상에서 말하는 것과 개념이 다릅니다. 하나님의 뜻에 순종하는 것이 선이요 하나님의 반대편에 서면 악인 것입니다.

요셉은 아버지 야곱이 눈이 어두워서 하나님의 뜻을 놓쳤을 것이라고 생각했습니다. 그래서 "아버지여 그리 마옵소서"(18절)라고 말하며 아버지의 손을 제자리로 돌리려고 합니다. 히브리어 원문에는 "안 돼요, 그렇게는 아버지!"라고 되어 있습니다. 얼마나 다급했으면 말을 채 잇지도 못합니다. 하나님의 뜻에 어긋났다고 보고, 그것을 바로잡기 위해 다급하게 말한 것입니다.

하지만 야곱은 "허락하지 아니"(19절) 하였습니다. 즉각적이며 단호한 거절을 뜻합니다. 그러고 나서 둘째 에브라임이 장남 므낫세보다 "큰 자"가 될 것이라고 말합니다.

이 사건은 이삭의 축복과 비교됩니다. 이삭도 야곱처럼 "나이가 많아 눈이 어두워 잘 보지"(창 27:1) 못하였습니다. 이때 이삭의 나이가 180세였습니다.

이삭은 "내가 이제 늙어 어느 날 죽을는지 알지 못하니 그런즉 네 기구 곧 화살통과 활을 가지고 들에 가서 나를 위하여 사냥하여 내가 즐기는 별미를 만들어 내게로 가져와서 먹게 하여 내가 죽기 전에 내 마음껏 네게 축복하게 하라"(창 27:2~4)고 말했습니다. "내가", "나를", "내가", "내게로", "내가", "내 마음껏", 계속해서 "나"를 강조합니다. 이것이 이삭의 축복에 문제가 생긴 원인입니다.

만일 내가 어떤 집사님에게 "축복해 드릴 테니 300만 원을 주세요"한다면 뭔가 잘못되었다고 생각할 것입니다. 하나님이 이삭을 축복의 통로로 삼으셨는데, 이삭은 "축복해 줄 테니 내가 좋아하는 스테이크부터 해줘"라고 말했습니다. 하나님의 축복을 스테이크와 맞바꾸겠다니요? 말도 안 됩니다.

영적 분별력은 땅의 것에 집착해서는 얻을 수 없습니다. 분별력은 그곳에서 떠나 있어야 생깁니다. 집착하는 것이 있으면 분별할 수 없습니다. 돈에 집착하지 않아야만 그것을 어떻게 사용할 것인가를 분별할 수 있습니다.

자녀를 잘 키우려면 자녀에게 집착해서는 안 됩니다. 내 자녀이기 전에 하나님의 자녀이기 때문입니다. 하나님의 자녀로 키우는 싸움을 해야 합니다. 자녀를 때려서라도 가르쳐야 하고, 가슴 아파도 고생하는 것을 지켜봐야 합니다. 그래야 분별할 수 있습니다. 자녀가 하나님의 사람임을 알고, 하나님께 맡겨야만 비로소 분별할 수 있는 것입니다.

이삭은 땅의 것에 집착했습니다. 그러나 야곱은 그러지 않았습니다. 애굽에서 17년을 살았지만 가나안으로 가야 한다는 사실을 잊지 않았습니다. 천국에 대한 감각이 살아 있던 사람입니다.

야곱은 눈이 안 보이지만 팔을 엇바꾸어 에브라임과 므낫세의 머리에 올바로 손을 올렸습니다. 요셉이 놀라서 말리자 야곱은 "나도 안다 내 아들아 나도 안다"(19절)고 말합니다. 요셉의 생각을 알지만, 하나님이 장남 므낫세가 아닌 둘째 에브라임에게 우선권을 주셨다고 분명히 말합니다. 육신의 눈은 어두웠지만 영적으로는 환히 보고 있는 것입니다. 몸은 쇠약한데 영은 살아 있는 것입니다. 야곱이 정말 멋있지 않습니까?

나도 이렇게 죽고 싶습니다. 마지막에 내 아들들에게 하나님에 대해 얘기해 줄 수 있기를 바랍니다. 마지막에 야곱처럼 하나님을 보고 싶습니다.

"아들아, 나도 안다."

요셉이 제아무리 똑똑하고 애굽을 다스릴 지혜가 있다 할지라도 영적 분별력에 있어서는 아버지 야곱을 따라가지 못합니다.

[20] 그날에 그들에게 축복하여 이르되 이스라엘이 너로 말미암아 축복하기를 하나님이 네게 에브라임 같고 므낫세 같게 하시리라 하며 에브라임을 므낫세보다 앞세웠더라 [21] 이스라엘이 요셉에게 또 이르되 나는 죽으나 하나님이 너희와 함께 계시사 너희를 인도하여 너희 조상의 땅으로 돌아가게 하시려니와 [22] 내가 네게 네 형제보다 세겜 땅을 더 주었나니 이는 내가 내 칼과 활로 아모리 족속의 손에서 빼앗은 것이니라 창 48:20~22

언약 백성 "이스라엘"(20절)이 축복합니다. "하나님이 네게 에브라임 같고 므낫세 같게 하시리라"(20절), 에브라임을 므낫세보다 앞세웁니다.

야곱은 자신이 곧 죽을 것이라고 말합니다. 그리고 요셉의 둘째 아들 에브라임을 장남 므낫세보다 앞에 두어 장자의 축복을 줍니다. 에브라임을 므낫세보다 앞세운 이 사건은 매우 중요합니다.

사무엘상 1장 1절에 "에브라임 산지 라마다임소빔에 에브라임 사람 엘가나"가 나옵니다. "에브라임 사람 엘가나"는 에브라임 지파 사람이라는 뜻일까요? 나중에 엘가나의 아들 사무엘이 엘리 제사장을 도와 성전에서 일하며 제사장 역할을 합니다. 제사장은 누가 합니까? 레위지파입니다. 다른 지파는 제사장으로 섬길 수 없습니다. 그럼, 엘가나는 레위 지파 사람입니까?

성경에서 에브라임은 이스라엘과 같은 뜻으로 쓰입니다. 호세아 선지자는 여호와께서 이스라엘에 하신 책망을 이렇게 기록했습니다. "에브라임은 내가 알고 이스라엘은 내게 숨기지 못하나니 에브라임아 이제 네가 음행하였고 이스라엘이 더러워졌느니라"(호 5:3). "에브라임아 내가 네게 어떻게 하랴 유다야 내가 네게 어떻게 하랴 너희의 인애가 아침 구름이나 쉬 없어지는 이슬 같도다"(호 6:4).

훗날 남유다와 북이스라엘로 나뉠 때, 에브라임 지파는 북이스라엘에 속합니다. 그래서 에브라임이 이스라엘을 대표하는 이름으로도 쓰이는 것입니다. 에브라임과 유다는 이스라엘에서 가장 강력하면서도 이스라엘을 대표하는 양대 지파가 됩니다.

이스라엘을 의미하는 에브라임은 선지서에서 특히 많이 찾아볼 수 있습니다. 에브라임이 지파를 가리키는지 이스라엘 전체를 나타내는지 문맥을 살펴서 파악해야 할 정도입니다.

야곱은 에브라임과 므낫세에게 장자의 축복을 줌으로써 요셉의 근심을 덜어 주고, 열두 지파의 근간을 세웠습니다.

축복의 원리

1 야곱이 그 아들들을 불러 이르되 너희는 모이라 너희가 후일에 당할 일을 내가 너희에게 이르리라 2 너희는 모여 들으라 야곱의

아들들아 너희 아버지 이스라엘에게 들을지어다 3 르우벤아 너는 내 장자요 내 능력이요 내 기력의 시작이라 위풍이 월등하고 권능이 탁월하다마는 4 물의 끓음 같았은즉 너는 탁월하지 못하리니 네가 아버지의 침상에 올라 더럽혔음이로다 그가 내 침상에 올랐었도다 5 시므온과 레위는 형제요 그들의 칼은 폭력의 도구로다 6 내 혼아 그들의 모의에 상관하지 말지어다 내 영광아 그들의 집회에 참여하지 말지어다 그들이 그들의 분노대로 사람을 죽이고 그들의 혈기대로 소의 발목 힘줄을 끊었음이로다 7 그 노여움이 혹독하니 저주를 받을 것이요 분기가 맹렬하니 저주를 받을 것이라 내가 그들을 야곱 중에서 나누며 이스라엘 중에서 흩으리로다

창 49:1~7

"너희는 모여 들으라"(2절), 자발적인 모임을 강조합니다. 언약의 계승자 "이스라엘"이 "야곱의 아들들"에게 말합니다(2절). "장자"란 '태를 처음 열고 난 자'라는 뜻입니다. "내 능력이요 내 기력의 시작"(3절)은 '권세와 힘의 시작'이라는 뜻입니다. "물의 끓음 같았은즉"(4절)은 '충동적이고 경박하다'는 의미입니다.

야곱이 언약의 계승자로서 마지막 직무를 수행합니다. 아들들에게 축복하면서 후일에 당할 일을 예언합니다.

장남 르우벤은 물이 끓는 듯 충동적인 성격이라고 지적하며 빌하와 간통한 사건을 언급합니다. 그리고 마지막에 "그가 내 침상에 올랐었도다"(4절) 하고 3인칭으로 바꾸어 말합니다. 자식이 아닌 남처럼 3인칭으로 축복한 것입니다.

"시므온과 레위"(5절)만 형제인 것은 아닌데, 이들은 열두 형제 중에서 가장 닮았습니다. 서로 죽이 잘 맞았습니다. 그들은 난폭하고 호전적이었습니다.

"내 혼아", "내 영광아" / "그들의 모의에", "그들의 집회에" / "상관하지 말지어다", "참여하지 말지어다"(6절). 이처럼 대구로 반복하며 그들과 함께하지 말 것을 강조합니다. 시므온과 레위가 어떤 일을 벌이면 절대로 참여하지 말라는 것입니다. "분노대로", "혈기대로" / "사람을 죽이고", "소의 발목 힘줄을 끊었음이로다"(6절). 마찬가지로 대구로 반복하며 강조합니다.

"혈기"에는 '마음, 소원'이라는 뜻이 있습니다. 욕망을 소원했다는 것입니다. 혈기를 부릴 만하니까 부리는 것입니다. 바로 눈앞에 칼이 날아오는데 혈기를 함부로 부릴 수 있는 사람은 없습니다. 감정적으로 산다는 것은 훈련받지 못했다는 뜻이고 마음의 욕망대로 살고 있다는 것입니다. 자기 뜻대로 하고 싶은 욕망이 강하니까 뜻대로 안 되면 터져 나오는 것입니다.

시므온과 레위는 분이 풀릴 때까지 혈기를 부리는 잔인한 성격이었습니다. 훗날 출애굽한 후에 2차 인구 조사 때 시므온 지파는 2만 2,200명으로 집계되는데, 7만 6,500명에 달하는 유다 지파의 반도 안 되는 수였습니다(민 26:14). 가나안에 들어가서도 유다 지파 안에 시므온 지파가 조금 남을 정도로 그 수가 줄었습니다. 레위 지파는 제사장 지파로 성막을 담당하여 따로 분깃을 받지 못한 채 다른 지파로 흩어지게 됩니다.

한번은 자녀를 바르게 키우는 방법을 토론한 적이 있습니다. 자녀를 어떻게 훈계해야 하는가가 주요 쟁점이었습니다. 징계는 필요하지만 체벌은 안 된다는 의견과 체벌도 훈육의 한 방법이라는 주장이 맞섰습니다. 참석자들이 어느 쪽이 성경적인 방법인지 나에게 물었습니다.

일단 '성경적인 방법'이란 표현을 빼고 말하겠다고 했습니다. 토론할 때 "이것이 성경적인 방법이다"라는 말은 조심스럽게 해야 합니다. 자칫 잘못하면 다른 편이 비성경적인 것으로 단정될 수 있기 때문입니다. 토론은 무작정 싸우자고 하는 것이 아니라 피차 풍성한 길을 도모하고자 하는 것이 아닙니까? 흑백 논리로 지나치게 대립하는 것은 바람직하지 않습니다.

자녀에게 매를 안 들고 말로 가르칠 수 있다면, 그것이 제일 좋습니다. 자녀를 때리고 싶어 하는 부모가 어디 있겠습니까? 자녀를 훈계하는 목적이 무엇입니까? 바르게 키우기 위한 것이 아닙니까? 그러니 말로만 해도 바르게 자란다면 말로 해야 합니다. 그러나 때려야만 바르게 자랄 것 같으면 때려야 옳습니다.

잔소리가 먹히는 자녀에게는 평생 잔소리를 해야 하고, 상을 주어야 잘하는 자녀는 상을 주어 키워야 합니다. 중요한 것은 자녀가 부모의 권위를 인정하고 부모에게 순종하며 온전하게 자라는 것입니다. 때리지 않아서 버릇없는 아이로 자랐다면 교육이 잘못된 것입니다. 잔소리를 퍼붓지 않아서 다른 사람에게 피해를 주는 아이가 되었다면 잘못 가르친 것입니다.

자녀의 기질과 상황 조건에 따라 훈육 방법을 달리해야 합니다. 어떤 훈육법을 쓰느냐보다 자녀가 부모의 권위를 인정하고, 다른 사람들과 더불어 살아가는 실력을 갖추는 것이 더 중요합니다.

야곱은 아들의 기질과 상황 조건에 따라 축복을 달리해 주었습니다. 르우벤을 향한 축복은 마치 저주처럼 느껴집니다. 특히 시므온과 레위를 향한 축복은 받아들이기 힘들 만큼 부담스럽습니다. 아예 저주라고 표현해야 맞을 것 같습니다.

르우벤, 시므온, 레위의 축복은 과연 축복일까요 아니면 저주일까요? 축복처럼 보이지 않습니다. 그러나 이것이 야곱의 축복입니다.

야곱의 축복은 긍정적 축복과 부정적 축복, 두 가지로 나뉩니다. 르우벤, 시므온, 레위는 부정적 축복에 속하고, 유다, 요셉은 긍정적 축복에 속합니다.

부정적 축복은 그것을 고치지 않으면 하나님의 축복을 받을 수 없다고 가르쳐 주는 것입니다. 르우벤, 레위, 시므온처럼 자기 성격대로 살아가면 흩어질 수밖에 없습니다. 혈기대로 살다가는 집안이 번성할 수 없다는 것입니다. 하나님의 풍성한 축복을 받으려면 혈기부터 잡아야 합니다. 잔인함부터 잡아야 한단 말입니다.

르우벤이 아무리 장자에다 탁월한 능력을 가진 인물이라고 해도 물이 끓듯 혈기를 부린다면 그 권능을 잃게 될 것이라는 경고입니다. 기질을 잡지 않으면 망하고, 기질을 잡으면 그의 탁월함이 드러날 것이라고 알려 주는 것입니다. 부정적 축복은 그가 가진 나쁜 면을 드러내어 말함으로써 잘라 내도록 기회를 줍니다. 나쁜 성질을 고치게 하는 것이 축복이고 그냥 놔두는 것이 저주입니다. 나쁜 성질은 잔소리를 퍼붓거나 몽둥이로 때려서라도 잡아야 합니다. 그래야만 축복의 사람이 되기 때문입니다.

굉장히 훌륭한 목사님인데 어쩌다가 저런 죄를 지었지 하는 일들이 있습니다. 저렇게 훌륭한 목사님의 아들인데 어쩌다 저 모양이 되었을까 싶을 때가 있습니다. 왜 그런 일이 일어날까요?

하나님의 은혜를 담으려면 그릇이 넓고 커야 합니다. 한 귀퉁이가 깨져 있으면 담을 수 있는 은혜가 적습니다. 말씀도 기도도 돈 관리도 탁월한데 이성 관계 부분이 깨져 있으면 거기서 넘어지는 것입니다. 그것을 잡아야 합니다.

"너는 말을 조심해야 해. 말 한마디로 모든 걸 날려 버리잖아!"

진정 사랑하고 아끼는 사람에게는 이런 말을 해줄 수 있어야 합니다. 부정적인 면을 잡아야 인생이 아름답게 풀릴 것이라고 알려 줘야 합니다. 하나님이 책망하실 때가 있습니다. 나를 미워해서입니까? 아닙니다. 그 부분을 고치라고 막대기를 드시는 것입니다.

우리 주위에도 이런 사람이 많습니다. 저것만 고치면 아주 좋을 텐데 그것 때문에 인생을 망치는 사람이 있습니다. 다른 사람을 보기 전에 자기 자신부터 돌아보길 바랍니다. 사람들이 당신을 피하는 이유가 무엇인지, 열심히 하는데도 권위가 없는 이유가 무엇인지를 생각해 보십시오. 자기 안에 르우벤처럼 감정적으로 끓는 데가 있는지 점검해야 합니다.

사람들이 페이스북이나 인스타그램 같은 SNS에 올리는 글을 보면 눈살을 찌푸리게 될 때가 많습니다. 글의 내용을 떠나서 표현이 너무 원색적이며 분노에 차 있습니다. 마치 시므온과 레위를 보는 것만 같습니다. 동생 디나의 강간 사건 때 그들은 정의 구현을 외치며 잔인하게 살상했습니다. 아무리 정의롭고 옳은 말이라도 함부로 거칠게 표현해서는 안 됩니다.

야곱은 시므온과 레위가 자신들의 잔인함을 고치지 않으면 하나님이 그들을 세우실 수 없다고 경고합니다. 그들의 모의에 상관하지 말고, 집회에도 참여하지 말라고 합니다. 바른말도 전하는 방법과 자세가 옳아야 비로소 옳다고 인정받을 수 있습니다.

자신 안에 있는 분노를 다스리십시오. 자기 안에 숨은 작은 의에 빠지지 마십시오. 하나님은 그 부분을 놓치지 않고 치십니다. 우리의 싸움은 혈과 육의 싸움이 아닙니다. 사도 바울이 자기 몸을 쳐 복종하게 했듯이(고전 9:27) 무엇보다 자신과의 싸움에서 승리해야 합니다.

가끔 옛날 생각을 하며 청년 시절이 좋았다고 말하는 분이 있습니다. 그러나 나는 지금이 더 좋습니다. 물론 20대 때 사진을 보면 머리숱도 많고 멋져 보이지만, 나는 지금의 내 모습이 좋습니다. 눈빛과 표정이 훨씬 좋습니다. 그때는 온몸에 가시가 돋친 듯 날카로웠습니다. 결혼하기 전까지는 웃는 법도 몰랐습니다. 결혼식 날부터 웃기 시작했습니다. 마음이 풀리니 웃을 수가 있었습니다.

칼로 자기 몸을 긋는 것만이 자해가 아닙니다. 자기 속에 원망과 불만을 품고 있는 것도 자해입니다. 영적인 자해입니다. 칼로 몸을 그어야만 아픕니까? 마음속에 불만과 분노를 가지고 그것을 쏟아내는 것도 영혼을 피폐하게 만드는 일입니다. 스스로 상처를 내는 일입니다.

자기 자신을 위해서 그렇게 하지 마십시오. 남을 위해서가 아니라 자신을 위해서 따뜻한 말을 하십시오. 그래야 내 안에 따뜻함이 일어납니다. 좋은 말을 해야, 축복의 말을 해야 축복이 임합니다.

믿음은 들음에서 납니다. 입에서 나쁜 말과 비판을 내뱉으면 가장 먼저 듣는 것이 누구입니까? 바로 자기 자신입니다. 착한 말을 하면 그것 또한 자기가 먼저 듣습니다. 자기가 자기를 살릴 수 있습니다. 자꾸 원망하면 원망거리만 보입니다. 자기 영혼을 죽이지 마십시오. 분노를 터뜨리고 상스러운 말을 하면 싸움에서 이길 수는 있지만 아름답지는 않습니다. 얼굴이 마귀 형상이 됩니다. 나쁜 얘기를 하면서 환하게 웃는 사람은 없습니다. 불만을 얘기하면 얼굴이 굳고, 좋은 얘기를 하면 얼굴이 펴집니다. 좋은 얘기를 하는 것이 누구도 아닌 바로 나에게 축복이 됩니다.

나는 나를 위해 참았습니다. 스스로 더 명예로워지고 멋진 사람이 되기 위해 참았습니다.

야곱의 부정적 축복이 바로 이것입니다. "네가 이대로 가면 그 혈기 때문에 권위를 잃게 될 것이고, 분노하며 흩어질 것이다"라는 것입니다. 그렇기 때문에 이렇게 축복할 수밖에 없습니다. 듣고 나서 "아, 내가 이러면 안 되겠구나" 하고 고쳐야 하나님의 은혜를 온전히 담을 수 있습니다.

각 사람의 분량대로 축복하다

8 유다야 너는 네 형제의 찬송이 될지라 네 손이 네 원수의 목을 잡을 것이요 네 아버지의 아들들이 네 앞에 절하리로다 9 유다는 사자 새끼로다 내 아들아 너는 움킨 것을 찢고 올라갔도다 그가 엎드리고 웅크림이 수사자 같고 암사자 같으니 누가 그를 범할 수 있으랴 10 규가 유다를 떠나지 아니하며 통치자의 지팡이가 그 발 사이에서 떠나지 아니하기를 실로가 오시기까지 이르리니 그에게 모든 백성이 복종하리로다 11 그의 나귀를 포도나무에 매며 그의 암나귀 새끼를 아름다운 포도나무에 맬 것이며 또 그 옷을 포도주에 빨며 그의 복장을 포도즙에 빨리로다 12 그의 눈은 포도주로 인하여 붉겠고 그의 이는 우유로 말미암아 희리로다 13 스불론은 해변에 거주하리니 그곳은 배 매는 해변이라 그의 경계가 시돈까지리로다 14 잇사갈은 양의 우리 사이에 꿇어앉은 건장한 나귀로다 15 그는 쉴 곳을 보고 좋게 여기며 토지를 보고 아름답게 여기고 어깨를 내려 짐을 메고 압제 아래에서 섬기리로다 창 49:8~15

"목을 잡을 것이요"(8절), 목을 등으로 번역하여 "등을 쫓을 것이요"로 표현하기도 합니다. "네 아버지의 아들들이 네 앞에 절하리로다"(8절)는 극도의 존경을 받을 것이라는 뜻입니다. "사자 새끼"(9절)는 '왕의 자손'을 의미하며 "수사자"는 백수의 왕, 정복자의 상징입니다. "규"(10절)는 통치자의 상징입니다. "나귀"(11절)는 평화의 상징입니다. "포도나무"(11절)는 풍요의 상징입니다. 젖과 꿀이 흐르는 것입니다. 풍요와 은혜가 있습니다.

유다는 동생 베냐민을 대신하여 자신을 희생할 수 있는 사람으로 성장했습니다. 깨진 부분을 고쳐 은혜를 담을 수 있는 그릇이 된 것입니다.

스불론을 향한 "배 매는 해변"(13절)이라는 축복은 '어떤 것을 향한다'는 뜻으로 확장될 것이라는 의미입니다. 훗날 실제로 스불론 지파는 지중해 근처까지 퍼져 나갑니다.

"건장한 나귀"(14절) 같은 잇사갈은 우직하고 힘 센 자가 될 것입니다. 건장한 나귀는 우직하고 힘이 있지만 진취적으로 달려 나가진 않습니다. 그의 후손들은 지혜롭고 성실하지만 진취적이지 못했습니다(대상 12:32 참고).

16 단은 이스라엘의 한 지파같이 그의 백성을 심판하리로다 17 단은 길섶의 뱀이요 샛길의 독사로다 말굽을 물어서 그 탄 자를 뒤로 떨어지게 하리로다 18 여호와여 나는 주의 구원을 기다리나이다 19 갓은 군대의 추격을 받으나 도리어 그 뒤를 추격하리로다 20 아셀에게서 나는 먹을 것은 기름진 것이라 그가 왕의 수라상을 차리리

로다 21 납달리는 놓인 암사슴이라 아름다운 소리를 발하는도다 22 요셉은 무성한 가지 곧 샘 곁의 무성한 가지라 그 가지가 담을 넘었도다 23 활쏘는 자가 그를 학대하며 적개심을 가지고 그를 쏘았으나 24 요셉의 활은 도리어 굳세며 그의 팔은 힘이 있으니 이는 야곱의 전능자 이스라엘의 반석인 목자의 손을 힘입음이라 25 네 아버지의 하나님께로 말미암나니 그가 너를 도우실 것이요 전능자로 말미암나니 그가 네게 복을 주실 것이라 위로 하늘의 복과 아래로 깊은 샘의 복과 젖먹이는 복과 태의 복이리로다 26 네 아버지의 축복이 내 선조의 축복보다 나아서 영원한 산이 한 없음같이 이 축복이 요셉의 머리로 돌아오며 그 형제 중 뛰어난 자의 정수리로 돌아오리로다 창 49:16~26

"길섶의 뱀"(17절)은 모든 뱀을 뜻합니다. 뱀을 뜻하는 "독사"를 반복함으로써 강조합니다. 단을 가리켜 뱀이라고 말합니다. 반면에 요셉의 활은 "굳세며"(24절), '여전하다'는 뜻입니다. "영원한 산이 한 없음같이"(26절), 즉 축복이 경계 없이 최극단까지 간다는 뜻입니다. "뛰어난 자"(26절)는 '구별된 자, 나실인'과 같은 뜻으로 쓰입니다.

훗날 단 지파는 우상숭배를 하는 지파들의 본거지가 됩니다(삿 18장 참고). 계시록 7장을 보면 지파들이 나열되는데, 단 지파가 없습니다(계 7:5~8). 초대교회에서는 단 지파에서 적그리스도가 나올 것이라고까지 얘기했습니다.

요셉의 축복은 긍정적 축복입니다. 야곱은 그의 자녀들의 번성을 이야기합니다. 그리고 열한 번째로 태어났지만 장자권을 가진 그가 한계를 뛰어넘었음을 말합니다.

여기서 중요한 것은 "네 아버지의 축복이 내 선조의 축복보다 나아서"(26절)라는 표현입니다. 야곱의 선조는 이삭과 아브라함입니다. 자기의 축복이 아버지와 할아버지보다 낫다는 말입니다. 너무 교만한 말이 아닌가요? 믿음을 증명한 아브라함, 순종을 증명한 이삭보다 낫다는 뜻입니다. 어떻게 이렇게 자신 있게 말할 수가 있을까요?

그러나 야곱이 교만해서 이렇게 말한 것이 아닙니다. 그렇다면 야곱의 축복이 선조들의 축복보다 나은 이유가 무엇일까요?

나는 신학교나 청년 집회에 부흥회 강사로 초청받아 가면 이렇게 얘기하곤 합니다.

"여러분, 나를 보십시오. 내가 누구입니까? 김남국 목사입니다. 내가 하용조, 옥한흠 목사님보다 낫습니다."

그러면 모두 놀란 표정으로 나를 쳐다봅니다.

"왜요, 아닌 것 같습니까? 여러분이 내 말을 이해하지 못한다면 신앙을 잘 모르는 것입니다. 여러분은 주기철, 손양원 목사님을 아실 것입니다. 나는 그분들보다 나은 사람입니다. 그뿐 아닙니다. 나는 사무엘, 다윗, 아브라함보다 낫습니다. 이단 아니냐고요? 그러나 진실입니다. 나는 그분들 모두보다 나은 사람입니다.

하나님이 이 시대에 역사하시려면 누구를 통해 일하실까요? 여기 살아 있는 김남국 목사를 통해 일하십니다. 하나님은 죽은 자가 아닌 살아 있는 자를 통해 역사하십니다. 어떤 경우에도 하나님은 천국에 가 있는 사람들을 통해 일하지 않으십니다. 그런 의미에서 하나님은 이 시대, 이 순간에는 아브라함이나 다윗이나 주기철 목사님이 아닌 살아 있는 김남국 목사를 통해 일하십니다. 그러므로 지금 살아 있는 내가 그들보다 훨씬 낫습니다. 그리고 나보다 훨씬 더 나은 자들이 우리 아들들입니다. 나는 15년만 있으면 은퇴하지만, 그 후에는 우리 아들들을 통해 역사하실 것이기 때문입니다."

다음 시대는 무조건 청년들의 것입니다. 다음 시대에 하나님은 이들 청년들을 통해 일하실 것이기 때문입니다.

그때서야 모두들 고개를 끄덕입니다.

나는 청년들을 바라봅니다. 우리 아들들과 청년들을 통해 일하실 하나님을 기대합니다. 청년이 바로 서야 다음 세대가 살아납니다. 그래서 청년들을 만나면 혼내고 욕하고 소리 지릅니다. 정신 똑바로 차리고 살라고 말입니다. 헛되이 살지 말라고 말입니다.

인간은 시간과 공간을 초월할 수 없습니다. 내가 성경을 아무리 많이 읽고, 말씀을 아무리 많이 전한다고 한들 내가 사는 동안에만 일할 수 있습니다. 다음 시대에는 그 시대에 성경을 읽고 말씀을 전하는 자들을 통해 하나님이 일하십니다. 하나님은 살아 있는 자를 통해 일하십니다. 그래서 살아 있는 자의 경건이 중요합니다.

이 시대를 살고 있는 청년들이 불쌍합니다. 나의 청년 시절에는 존경할 만한 목사님들이 매우 많았습니다. 한국 교회를 부흥시킨 기라성 같은 목사님들이 계셨습니다. 그러나 지금의 한국 교회는 그렇지 못합니다.

사사 시대는 살아 있는 자들이 하나님 앞에서 온전하지 못했던 시대입니다. 그러나 시대가 아무리 암울해도 지금 살아 있는 자들이 거룩해지면 부흥은 다시 일어날 수 있습니다.

사람들이 기독교가 타락했다고 말합니다. 그러나 기독교가 타락한 것이 아닙니다. 내가 타락한 것입니다. 그리스도인은 기독교를 대표합니다. 믿지 않는 가정에서 내가 잘하면 기독교가 잘한다는 소리를 듣습니다. 내가 잘못하면 기독교가 잘못되었다고 손가락질받습니다. 직장에서 내가 잘하면 기독교인은 훌륭하다고 말합니다. 그러나 내가 잘못하면 기독교인은 형편없다고 수군거립니다.

야곱이 그 말을 하는 것입니다. 선조는 지금 축복할 수 없습니다. 지금의 축복은 살아 있는 자만이 할 수 있습니다. 아브라함도 이삭도 축복할 수 없습니다. 야곱이 할 수 있습니다. 그래서 자기의 축복이 선조의 축복보다 낫다고 말한 것입니다.

그뿐 아니라 야곱은 선조보다 더 많은 고난을 겪었습니다. 산전수전을 다 겪은 사람입니다. 열두 지파가 어디에서 나왔습니까? 야곱에게서 나왔습니다.

야곱의 사나운 기질이 시므온과 레위에게서 나타났습니다. 르우벤의 물 끓는 듯한 기질이 바로 자기에게서 나온 것을 야곱은 알았습니다. 야곱은 그것을 다 겪었습니다. 모두 겪어 봤기에 아버지가 준 축복의 내용대로만 하면 네 자신을 스스로 세울 수 있다고 말해 줄 수 있습니다. 다른 사람은 몰라도 야곱은 부정적 축복과 긍정적 축복을 다 할 수 있습니다.

이러한 축복을 할 수 있는 특권이 내게도 있기를 기도합니다. 나는 우리 아들들뿐 아니라 손자들에게도 내가 만난 하나님을 들려주고 싶습니다. 당신도 이런 사람이 되어야 합니다. 돈만 물려주는 인생이 아니라 내 인생길을 인도해 오신 하나님을 전해 주고 가야 합니다. 그것이야말로 최고의 축복이라고 할 수 있습니다.

> 이들은 이스라엘의 열두 지파라 이와 같이 그들의 아버지가 그들에게 말하고 그들에게 축복하였으니 곧 그들 각 사람의 분량대로 축복하였더라 창 49:28

야곱이 "그들 각 사람의 분량대로" 축복을 마쳤습니다. 긍정적이든 부정적이든 아들들 각자의 그릇에 따라 축복이 담겼습니다.

예수님은 어느 집에 들어가면 평안하기를 빌라고 말씀하셨습니다. "그 집이 이에 합당하면 너희 빈 평안이 거기 임할 것이요 만일 합당하지 아니하면 그 평안이 너희에게 돌아올 것"(마 10:13)이라고 말씀하셨습니다. "합당하면"은 가치가 있다는 뜻입니다. 축복을 받을 만한 가치가 있는 자에게 평안이 돌아옵니다. 축복을 해줘도 받을 만하면 받고 아니면 못 받는 것입니다.

야곱의 축복의 가장 중요한 원칙은 "그들 각 사람의 분량대로" 축복한 것입니다. 이것은 야곱의 개인적인 감정에 따른 것이 아니라 그들이 받을 그릇만큼 주었다는 뜻입니다. 그들 모두가 자기 아들입니다. 르우벤, 시므온, 레위가 아무리 큰 잘못을 저질렀어도 긍정적인 축복을 해

주고 싶은 것이 부모의 마음입니다. 그러나 좋은 말을 아무리 많이 해 주어도 다 자기 것이 되는 것은 아닙니다. 각자 그릇에 따라 받을 수 있는 만큼만 받게 마련입니다.

하나님이 하늘 문을 열고 폭포수 같은 은혜를 주셔도 그릇이 커피잔 정도밖에 안 되면 그만큼만 담을 수밖에 없습니다. 폭포수 같은 은혜가 없어서 문제가 아니라 그것을 담을 그릇이 준비되지 않는 것이 문제입니다. 요셉과 유다는 야곱의 축복을 받을 만큼 그릇이 준비되어 있었습니다. 그래서 야곱이 마음껏 축복합니다. 반면에 르우벤, 시므온, 레위에게는 축복을 담을 그릇부터 준비하라고 말한 것입니다. 어떻게 하면 축복을 받을 만한 그릇이 될까요? 어떻게 하면 그릇을 넓힐 수 있을까요? 이것부터 점검해 보십시오.

훗날 모세는 이스라엘의 불평과 원망을 들으면서도 그들을 이끌고 출애굽하여 가나안을 향해 나아가야 했습니다. 그래서 그것을 감당할 만한 축복을 받았습니다. 요셉도 앞서간 자의 준비를 해야 하므로 그에 알맞은 축복을 허락하신 것입니다. 성경에서 하나님의 축복은 사명을 감당할 사람에게 주시는 하나님의 은혜입니다. 자신만만하여 잘난 척하는 사람에게는 주실 필요가 없는 것입니다.

자신을 돌아보십시오. 당신은 다른 사람들이 힘들 때 도움을 청할 수 있는 사람입니까? 당신이 있기에 다른 사람들이 힘을 얻습니까?

'바르다, 의롭다'보다 이것이 더 중요합니다. 바른 말, 의로운 말을 할 때는 더욱더 오랫동안 기도하고 해야 합니다. 자기의 잣대를 들이댈 때가 많기 때문입니다. 따뜻한 마음, 상대를 위하는 마음을 잃은 옳음은 옳다고 할 수 없습니다. 상대를 위한 옳음이어야 옳습니다. 다른 사람을 품을 수 있는 그릇이 되어야 합니다. 분량대로 받는 것입니다. 자신의 그릇을 넓히십시오.

물론 품기만 해서는 안 될 문제들도 있습니다. 정의롭게 밝히고, 때려서라도 바르게 세워야만 할 때가 있습니다. 그때 자신 안에 그 문제에 대한 분노가 있는지 살펴보십시오. 부모는 자식을 때리면서도 가슴 아파합니다. 자신 안에 분노가 보이면, 문제를 바로잡기 전에 앞서 하나님의 마음을 품을 수 있도록 기도부터 합니다.

먼저 자신을 점검하십시오. 스스로 자기 안의 부정적인 것들을 죽이고, 그릇을 넓혀 놓으면 하나님이 채우십니다. 성질대로 사는 사람은 절대로 그릇을 넓힐 수 없습니다. 이 싸움을 하십시오.

야곱,
죽어서도 말하다

29 그가 그들에게 명하여 이르되 내가 내 조상들에게로 돌아가리니 나를 헷 사람 에브론의 밭에 있는 굴에 우리 선조와 함께 장사하라 30 이 굴은 가나안 땅 마므레 앞 막벨라 밭에 있는 것이라 아브라함이 헷 사람 에브론에게서 밭과 함께 사서 그의 매장지를 삼았으므로 31 아브라함과 그의 아내 사라가 거기 장사되었고 이삭과 그의 아내 리브가도 거기 장사되었으며 나도 레아를 그곳에 장

사하였노라 32 이 밭과 거기 있는 굴은 헷 사람에게서 산 것이니라
33 야곱이 아들에게 명하기를 마치고 그 발을 침상에 모으고 숨을
거두니 그의 백성에게로 돌아갔더라 창 49:29~33

"아브라함이", "사서", "삼았으므로"(30절), "이 밭과", "굴은", "산 것이
니라"(32절). 이 여섯 단어를 주목하십시오. 이것으로 막벨라 굴이 아브
라함 가문의 땅임을 강조합니다. 아브라함이 정당한 대가를 주고 샀으
며, 그곳에 아브라함과 사라가 장사되었고, 이삭과 리브가가 장사되었
고, 레아도 장사되었습니다.

아브라함이 그 땅을 산 이유는 하나님이 그에게 약속하셨기 때문입
니다. 아브라함은 약속을 받았지만 증거를 받지 못했습니다. 그러나 사
라가 죽었을 때 헤브론의 막벨라 굴을 샀습니다. 대가를 제대로 치르고
산 땅입니다. 세겜 사람들이 공짜로 주겠다고 했지만, 시세보다 높은
값을 치르고 샀습니다. 공짜로 받으면 다른 사람의 땅을 빌려 쓴 것밖
에 되지 않기 때문입니다. 제값을 치르고 모든 사람 앞에서 그 땅이 아
브라함의 소유임을 공표했습니다. 하나님이 약속하신 가나안 땅에 아
브라함의 것으로 공인된 땅을 최초로 확보한 것입니다. 아브라함은 이
것을 시작으로 장차 가나안이 그의 후손의 땅이 될 것을 바랐습니다.

야곱이 아들들에게 말합니다. "바로 그 땅, 정당한 소유가 인정되는
그 땅이 너희가 가야 할 곳이다"라고 말입니다. 하나님이 주신 약속의
땅입니다. 그의 후손이 가야 할 목적지를 분명하게 지적합니다. 그 땅
에 아브라함과 사라가 묻혔고, 이삭과 리브가가 묻혔으며, 야곱이 레아

를 묻었습니다. 한 사람이 아니라 민족이 있는 곳입니다.

이제 아브라함과 이삭과 야곱의 하나님에서 끝나는 것이 아니라 요셉의 하나님, 에브라임의 하나님으로 흘러갈 것입니다. 아브라함 때에는 막벨라 굴뿐이었지만 야곱의 후손들에게는 가나안의 모든 땅을 주실 것입니다. 하나님이 모든 땅을 주겠다고 약속하셨기 때문입니다.

그러므로 야곱의 후손은 애굽에 살면서도 애굽 땅이 아닌 가나안을 바라봐야 합니다. 그곳이 본향입니다. 야곱이 자신의 죽음으로 가리킵니다.

"하나님이 주신 땅을 바라보라!"

예수님을 믿고 나서 성경을 읽으며 가장 많이 기도했던 부분이 있습니다. 전능하신 하나님이 자신을 "아브라함의 하나님, 이삭의 하나님, 야곱의 하나님"(출 3:6)으로 소개하시는 바로 그 부분입니다. 나는 우리 가정이 아브라함과 이삭과 야곱의 하나님의 축복이 흘러가는 가정이 되기를 기도합니다. 나의 하나님이 곧 김하람, 김하준의 하나님이 되고, 김하람, 김하준의 아들의 하나님이 되어 주님이 다시 오실 때까지 믿음이 흘러가는 가정이 되기를 원합니다. 믿음이 내게서 끊어지지 않고 흘러가기를 원합니다. 이것이 나의 가장 큰 고백입니다.

일곱 살 소녀가 소아암에 걸려서 죽게 되었습니다. 죽음이 두려운 아이가 천국은 어떤 곳이냐고 엄마에게 물었습니다. 엄마가 "천국은 우리 집과 같은 곳이란다" 하고 말해 주었습니다. 그러자 아이가 "엄마, 그러면 나 갈 수 있어"라고 대답했습니다. 천국이 우리 집 같다니 안심이 된 것입니다. 마음이 편안해진 것입니다.

"천국은 우리 집 같은 곳"이라는 고백은 단순히 예배하고 기도하면서 나온 것이 아닙니다. 평생 천국을 바라보며 살아가는 자들이 할 수 있는 고백입니다. 어렵고 힘든 일이 많아도 실망하지 않을 수 있는 이유는 이것이 다가 아님을 알기 때문입니다. "이것이 다가 아니야. 걱정하지 마. 더 좋은 곳이 있어." 자녀에게 이렇게 얘기해 줄 수 있는 집이라면 은혜가 흘러가는 가정입니다.

당신이 바라보는 것을 당신의 자녀도 바라봅니다. 보라고 해서 보는 것이 아닙니다. 부모의 삶을 아이가 눈으로 보는 것입니다. 내가 바라보고 살아야 어느 날 내 아이도 같은 곳을 바라봅니다. 이것이 신앙입니다.

유아 세례식을 할 때 늘 하는 말이 있습니다.

"유아 세례는 아이의 믿음이 아니라 부모의 믿음으로 하는 것입니다."

그리고 문답할 때 부모에게 묻습니다.

"이 아이와 함께 말씀을 보기로 작정하십니까? 이 아이와 함께 기도하며 하나님 앞에 나갈 것입니까?"

나만 기도하고 나만 말씀을 보는 것이 아니라 자녀와 함께 하나님 앞에 나아가고 함께 말씀을 읽고 함께 기도해야 합니다. 부모가 하나님을 의지하며 사는 법을 알려 주어야 합니다. 말씀이 진리임을 어떻게 고백합니까? 부모가 그 진리를 붙잡고 사는 것으로 고백되어야 합니다. 종교적으로 가르치면 자녀는 미쳐 버립니다. 삶으로 가르쳐야 합니다. 부모가 늘 말씀을 붙잡고 늘 기도한다면, 자녀는 힘들 때 말씀을 붙잡고 기도할 것입니다. 그렇게 살아가는 것입니다.

야곱은 죽는 그 순간까지도 아들들에게 가나안 땅을 향한 의지를 보여 주었습니다. 그의 자손들은 아버지가 묻힌 곳, 아버지가 가야 할 땅이라고 알려 주신 그곳을 바라봅니다. 애굽에서 살지만 그들의 마음은 가나안 땅에 있습니다.

이것이 창세기 마지막 장의 내용입니다. 멋있게 마무리합니다. 죽음을 넘어선 것이 있다는 것입니다. 인생에서 돈을 얼마큼 벌었느냐, 얼마나 남겼느냐가 축복이 아닙니다. 그 돈이 오히려 저주가 될 수 있습니다.

진짜 중요한 것은 나의 마지막에 하나님에 대해 이야기할 것이 있느냐입니다. 내 자녀와 내 옆에 있는 사람들로부터 내가 평생 하나님 나라를 바라보고 살았고, 늘 하나님에 대해서 이야기하는 자였다는 말을 들을 수 있어야 합니다. 자기 자신과 자녀와 주변 사람들을 영적으로 분별하여 축복하며 하나님을 흘려보낼 수 있는, 그런 사람이 되십시오. 이것이 그리스도인의 삶의 목표입니다.

7 요셉이 자기 아버지를 장사하러 올라가니 바로의 모든 신하와 바로 궁의 원로들과 애굽 땅의 모든 원로와 8 요셉의 온 집과 그의 형제들과 그의 아버지 집이 그와 함께 올라가고 그들의 어린 아이들과 양 떼와 소 떼만 고센 땅에 남겼으며 9 병거와 기병이 요셉을 따라 올라가니 그 떼가 심히 컸더라 10 그들이 요단 강 건너편 아 닷 타작 마당에 이르러 거기서 크게 울고 애통하며 요셉이 아버지를 위하여 칠 일 동안 애곡하였더니 11 그 땅 거민 가나안 백성들이 아닷 마당의 애통을 보고 이르되 이는 애굽 사람의 큰 애통이라

하였으므로 그 땅 이름을 아벨미스라임이라 하였으니 곧 요단 강 건너편이더라 12 야곱의 아들들이 아버지가 그들에게 명령한 대로 그를 위해 따라 행하여 13 그를 가나안 땅으로 메어다가 마므레 앞 막벨라 밭에 굴에 장사하였으니 이는 아브라함이 헷 족속 에브론에게 밭과 함께 사서 매장지를 삼은 곳이더라 14 요셉이 아버지를 장사한 후에 자기 형제와 호상꾼과 함께 애굽으로 돌아왔더라

창 50:7~14

"바로의 모든 신하와 바로 궁의 원로들과 애굽 땅의 모든 원로"(7절) 뿐만 아니라 "병거와 기병"(9절)까지 애굽의 전력이 요셉과 함께 가나안으로 올라갑니다. 이때 요셉이 마음을 달리 먹었다면 아마 애굽 왕조는 무너지고 말았을 것입니다. 바로는 그가 막강한 권력을 가졌음에도 불구하고 욕심이 없음을 알았습니다.

야곱이 죽자 요셉이 그의 주치의를 통해 아버지의 시신을 향으로 처리합니다. 이는 시신이 썩지 않게 하는 것입니다. 애굽 관습을 따라 미라로 만들었다는 뜻입니다. 당시 애굽에서 시신의 방부 처리는 왕이나 권세 있는 귀족들에게만 가능한 일이었습니다. 요셉이 당대 최고 권력자였기에 그의 아버지가 40일간 향 처리를 하는 극진한 대접을 받을 수 있었습니다.

요셉이 야곱의 시신을 방부 처리한 데는 이유가 있습니다. 그의 시신을 가나안에까지 운구해야 했기 때문입니다. 가나안의 헤브론 막벨라 굴까지 가는 길에 시신이 썩지 않도록 해야 했습니다. 또 다른 이유

는 애굽 사람들이 야곱의 죽음을 존경의 눈으로 바라보기를 원했기 때문입니다.

세상 눈으로 보면 야곱의 죽음은 단지 자식을 잘 둔 덕에 호의호식하다가 죽은 히브리 노인의 죽음일 수 있습니다. 그러나 하나님의 눈으로 보면 야곱의 죽음은 아브라함과 이삭의 뒤를 이어 완전한 선택의 역사를 이뤄 낸 믿음의 사람이 주님의 품으로 돌아가는 사건입니다. 깊은 존경과 극진한 대우를 받아 마땅한 죽음이었습니다. 하나님의 눈은 황제의 죽음보다 야곱의 죽음을 향해 있습니다.

세상은 유명인들에게 관심을 보입니다. 그러나 하나님은 믿음의 길을 성실하게 따라온 자에게 깊은 관심을 보이십니다. 우리도 이것을 놓치면 안 됩니다. 야곱은 대우받아 마땅한 사람이었습니다. 달려갈 길을 다 마친 야곱이 타향에서 본향을 바라보며 생을 마쳤습니다. 하나님은 그가 세상 한가운데서 존경을 한 몸에 받으며 애도 받을 수 있도록 해 주셨습니다.

요셉은 아버지 야곱을 이스라엘에 있는 묘실에 장사하러 다녀오게 해 달라고 바로에게 청했습니다. 바로는 요셉의 청을 흔쾌히 받아들였습니다. 그의 허락이 당연하게 보이지만 실제로는 절대 쉽지 않은 선택이었습니다.

"요셉이 자기 아버지를 장사하러 올라가니 바로의 모든 신하와 바로궁의 원로들과 애굽 땅의 모든 원로"(창 50:7)가 뒤를 따랐습니다. '원로'는 무리에서 가장 큰 영향력을 발휘하는 자들입니다. 그뿐 아니라 성경은 "병거와 기병이 요셉을 따라 올라가니 그 떼가 심히 컸더라"(창 50:9)

라고 기록하고 있습니다. 당시 '병거와 기병'은 지금의 장갑차와 미사일 부대쯤 됩니다. 당대 최고의 군대를 이끌고 나간 것입니다.

만약에 요셉이 스스로 왕이 되고자 마음먹는다면 바로를 순식간에 날려 버릴 수도 있는 상황이었습니다. 지혜로운 총리 덕분에 애굽 온 땅이 살아남은 것을 애굽인뿐만 아니라 주변 나라들도 알고 있었습니다. 그의 능력을 세상이 다 알았습니다. 그가 애굽의 전력을 이끌고 떠났으니 애굽이 텅 비었을 것입니다.

바로가 요셉을 믿지 못해 불안해했다면 허락하지 않았을 것입니다. 그러나 그는 흔쾌히 허락했습니다. 요셉은 왕의 자리를 욕심 낼 사람이 아니라는 것을 알았던 것입니다. 하나님은 이 일을 통해 요셉의 삶을 드러내십니다.

요셉은 보디발의 집에서도 주인의 것을 취할 마음이 없었기 때문에 안주인의 유혹을 뿌리칠 수 있었습니다. 감옥에서도 고위직 정치범들과 좋은 관계를 맺으면서도 그들을 이용하려고 하지 않았습니다. 애굽의 총리가 되고 난 후에도 마찬가지였습니다. 그 자리는 요셉이 소망하던 자리가 아니었습니다. 요셉은 세상의 정점에 올라서도 그것에 연연하지 않았습니다. 자리를 삶의 목적으로 삼은 적이 없으므로 무너지지 않을 수 있었습니다.

세상의 자리를 즐기지 마십시오. 자리가 목적이 되면 위험합니다. 하나님은 당신을 존재 자체로 사랑하십니다. 어느 자리에서든 열심히 최선을 다해야 하지만 그것이 삶의 목표가 되고 목적이 되어서는 안 됩니다. 하나님이 맡기신 일이기에 최선을 다하는 것임을 삶을 통해 증명해 내야 합니다. 자리가 인생의 목적이 되는 순간, 낙담하고 무너지게 됩니다.

요셉은 최고 권력을 누렸지만 초연했습니다. 세상 어떤 것에도 가치와 의미를 두지 않는 것이야말로 믿음의 삶입니다.

야곱의 유언에 따라 요셉은 그의 시신을 가나안 땅까지 매어다가 마므레 앞 막벨라 밭 굴에 장사했습니다. 성경은 이곳을 "아브라함이 헷 족속 에브론에게 밭과 함께 사서 매장지를 삼은 곳"(창 50:13)이라고 강조합니다. 아브라함이 값을 치르고 산 땅이기에 그의 후손들은 이곳을 바라보며 살고, 이곳에 돌아와 묻혀야 합니다.

이스라엘의 아들들과 자손들이 야곱을 가나안 땅에 묻기 위해 이집트를 떠나 네게브 광야를 지나 헤브론으로 올라갔습니다. 400년 뒤에 이스라엘 민족이 걸을 출애굽 길을 답사한 것입니다. 즉 야곱을 장사하러 올라가는 후손들에게 출애굽을 미리 경험시키신 것입니다.

그들은 후손들에게 아브라함과 이삭과 야곱의 하나님이 그들을 가나안으로 이끄실 때 자신들이 걸었던 그 길을 가게 될 것이며, 야곱이 묻힌 그 땅을 하나님이 그들에게 주실 것이라고 말해 주었을 것입니다. 이스라엘 민족의 소망을 담은 이야기가 400년간 대대로 이어져 내려갔을 것입니다.

야곱은 죽어서 매장되는 순간까지도 후손들에게 가야 할 길을 확실히 일러주는 멋진 사람이었습니다. 가진 것 없이 험악한 세월을 살았지만, 후손들이 하나님 앞에서 살아갈 수 있도록 죽음을 통해 긴 발자취를 남겼습니다. 야곱은 진정 믿음의 사람이었습니다. 참으로 부러운 삶입니다.

요셉,
죽음을 넘어서 외치는 400년

22 요셉이 그의 아버지의 가족과 함께 애굽에 거주하여 백십 세를 살며 23 에브라임의 자손 삼대를 보았으며 므낫세의 아들 마길의 아들들도 요셉의 슬하에서 양육되었더라 24 요셉이 그의 형제들에게 이르되 나는 죽을 것이나 하나님이 당신들을 돌보시고 당신들을 이 땅에서 인도하여 내사 아브라함과 이삭과 야곱에게 맹세하신 땅에 이르게 하시리라 하고 25 요셉이 또 이스라엘 자손에게 맹세시켜 이르기를 하나님이 반드시 당신들을 돌보시리니 당신들은 여기서 내 해골을 메고 올라가겠다 하라 하였더라 26 요셉이 백십 세에 죽으매 그들이 그의 몸에 향 재료를 넣고 애굽에서 입관하였더라 창 50:22-26

5개 절에 요셉의 모든 삶이 담겨 있습니다. 요셉이 "애굽에 거주하여 백십 세를 살며"(22절), 그의 향년을 밝히고, "에브라임의 자손 삼대를 보았으며 … 요셉의 슬하에서 양육되었더라"(23절), 그의 여생을 보여 줍니다. 요셉이 "그의 형제들에게 이르되"(24절), 그가 예언하며 "이스라엘 자손에게 맹세시켜"(25절), 유언을 남겼습니다. "요셉이 백십 세에 죽으매"(26절) 창세기 대단원의 막이 내리고 출애굽의 서막이 준비됩니다.

야곱이 죽은 후 요셉의 일생이 몇 구절로 요약됩니다. 요셉이 어디에서 살고, 무엇을 보았으며 어떤 말과 유언을 했고 어떻게 죽었는지 5개 절로 정리합니다.

그는 아버지 야곱이 죽은 뒤 54년간 애굽에 살면서 에브라임의 자손 3대를 봤으며 므낫세의 아들 마길의 아들들을 슬하에서 키웠습니다. "양육되었더라"는 '무릎 위에서 태어났다'는 뜻으로 요셉이 여생 동안 자손의 번성을 봤다는 뜻입니다. 그는 하나님의 인도하심을 받으며 말년까지 평탄하게 살았습니다. 54년은 긴 세월입니다. 애굽에서 최고 권력과 부를 누린 사람이라면 변절하기에 충분한 시간입니다. 그러나 요셉은 자신이 가야 할 길을 절대 잃지 않았습니다.

죽음을 앞둔 요셉이 자기 형제들에게 유언을 남깁니다. "그의 형제들에게 이르되 나는 죽을 것이나…"(창 50:24). 나는 이 부분을 읽다가 눈물이 왈칵 쏟아졌습니다. 가슴이 아팠습니다. 요셉은 형제들에게 유언을 남겼습니다. 그는 열두 형제 중 열한 번째입니다. 그에게 형제들이란 베냐민을 빼고 모두 손위 형제입니다. 그런데 그가 형들보다 먼저 죽습니다. 왜냐하면, 총리가 되기 전에 13년간 너무나 고단하게 살았기 때문입니다.

사울은 80세에도 강건하여 전쟁터에 나갔다가 전사했습니다. 그런데 사울보다 10살이나 어렸던 다윗은 70세에 침상에서 죽었습니다. 젊은 시절에 사울을 피해 광야에서 몸을 혹사하며 지냈기 때문입니다. 세상눈으로 보면 사울이 저주받았다는 사실이 잘 이해되지 않습니다. 하나님이 그를 버렸다고 선포하신 후에도 40년간 왕 노릇을 했습니다. 그런데 버려진 것입니다.

하나님께 버림받는다는 것은 돌이킬 기회 없이 그냥 가도록 버려두신 것을 말합니다. 사울은 내내 건강하게 살다가 자기가 저주받은 것도 모른 채 죽었습니다. 이것이 무서운 것입니다. 다윗은 이스라엘의 왕으로서 40년을 살았지만, 하나님이 세워 주시기까지 사울에게 쫓겨 도망 다니다 몸이 만신창이가 되었습니다. 70세에 병들어 죽을 정도로 끔찍한 고생을 했던 탓입니다.

요셉은 강간 미수범으로 감옥에 갇혔습니다. 오늘날로 말하면 방글라데시에서 온 청년이 국무총리의 부인을 강간하려다 잡혀서 감옥에 간 셈입니다. 그가 감옥에서 어떤 대우를 받았겠습니까? 일반 여성을 상대로 강간 미수를 해도 그냥 두지 않을 텐데, 상대가 고위직 부인입니다. 온몸이 찢길 만큼 채찍으로 맞았을 것입니다.

형들보다 먼저 죽을 정도로 고된 삶을 살았지만, 요셉은 절대 무너지지 않았을 뿐만 아니라 성실하게 살았습니다. 창세기 마지막 3개 절은 모두 "요셉이"로 시작합니다. 하나님이 요셉의 이름을 불러 주시는 것입니다. 그는 하나님이 이름을 불러 주시는 복되고 아름다운 자였습니다.

하나님을 믿고 따른다고 해서 인생에서 겪어야 할 고생을 깎아 주시진 않습니다. 하나님께 기도한다고 건강을 선물로 주시고 일이 술술 잘 풀리게 해주시지는 않습니다. 건강하고 하는 일마다 잘되는 것이 오히려 저주일 수 있습니다. 눈에 보이는 것으로 축복과 저주를 가름해서는 안 됩니다. 사는 동안 아프고 힘들어도 멋있게 살아가십시오. 하나님이 당신의 이름을 부르고 알아주십니다.

죽음에 가까워진 요셉은 아버지 야곱처럼 메시지를 남깁니다. 그는 형제들에게 "하나님이 반드시 당신들을 돌보시리니 당신들은 여기서 내 해골을 메고 올라가겠다 하라"(창 50:25)고 맹세시킵니다. 여기서 쓰인 '해골'의 히브리어가 예레미야애가에서는 '몸'으로 번역되었습니다. 요셉이 자신의 시신을 가리켜 말한 것입니다.

두 무덤이 있습니다. 하나는 가나안 땅에서 부르고 있는 야곱의 무덤이고, 또 하나는 애굽에서 외치고 있는 요셉의 무덤입니다. 야곱과 요셉은 죽음을 넘어서 이스라엘 자손에게 외치고 있습니다.

야곱은 자신을 세상(애굽)이 아닌 헤브론에 묻어 달라고 했습니다. 그는 자기 죽음을 통해 "너희는 내가 묻힌 이곳으로 돌아와야 한다. 훗날 너희가 여기로 다시 돌아올 것이다"라고 애굽에 있는 이스라엘 자손을 향해 외친 것입니다.

요셉은 애굽, 즉 세상에 묻혔습니다. 그는 자신의 무덤으로 외칩니다. "하나님이 너희를 반드시 이곳에서 끌어내실 것이니 그때 내 시신을 메고 올라가라"고 말입니다. 지금은 비록 애굽에 묻히지만 언젠가는 가나안 땅에 들어갈 것이라고 외칩니다.

이스라엘 백성은 요셉의 무덤을 보며 그들이 장차 가야 할 곳에 대해 생각했을 것입니다. 야곱은 죽어서도 이곳으로 와야 한다고 그들을 부르고, 요셉은 죽어서도 계속해서 가야 한다고 외칩니다. 두 무덤의 외침이 400년간 메아리쳤습니다.

이런 삶을 꿈꾸십시오. 하나님의 사람은 죽음으로 끝나지 않습니다. 영원을 바라보는 존재이기 때문입니다. 죽음에서 끝날 존재가 아니란 뜻입니다. 하나님의 사람은 가야 할 본향이 있습니다. 우리 삶은 이 땅이 아닌 천국에서 평가받을 것입니다. 세상에서 유명한 자가 있듯이 천국에서 유명한 자가 있습니다. 하나님의 역사에 기록되기를 소망하십시오.

요셉은 애굽에서 최고의 권력과 부를 누리면서도 늘 자신은 애굽에 속한 자가 아니라고 외쳤습니다. 그의 무덤이 애굽에 사는 이스라엘 백성들에게 대를 이어 소망을 주었습니다. 영원한 나라의 약속이 있는 그 땅으로 가야 함을 일러 주었습니다. 이러한 정신으로 이스라엘 백성은 400년간 애굽에 살면서도 그들에게 동화되지 않고, 끝내 출애굽의 역사를 이룰 수 있었습니다.

창세기는 요셉의 죽음을 끝으로 대단원의 막을 내립니다. 그러나 이것이 마지막이 아닙니다. 야곱과 요셉이 믿음으로 외쳤던 그 길을 이스라엘 후손들이 가게 될 것입니다. 창세기의 마지막은 "출애굽을 바라보라"는 메시지로 출애굽기를 열며 구원의 역사를 계속해 갑니다.

진짜 중요한 것은
나의 마지막에 하나님에 대해
이야기할 것이 있느냐입니다

내 자녀와
내 옆에 있는 사람들로부터
늘 하나님에 대해서
이야기하는 자였다는 말을
들을 수 있어야 합니다

중요한 것은 마인드다

요셉을 보면 욥이 생각납니다. 무엇 때문에, 왜 고난을 받는지도 모른 채 죽을 고생했던 사람이기 때문입니다. 욥이 나중에야 자기가 고난받은 이유를 알게 되었듯이 요셉 또한 22년의 세월이 흐른 뒤에야 하나님의 깊으신 뜻을 알게 되었습니다. 끔찍한 고난 속에서 오랜 세월을 눈물과 한숨으로 채우며 살아야 했습니다. 그러나 이것은 하나님이 요셉을 앞서 보낸 자로 선택하여 주신 훈련이었습니다.

사는 게 고되고 힘들게 느껴질 때 요셉을 보십시오. 말문이 막힐 것입니다. 누구를 원망하고 싶어도 원망할 수 없고, 요셉처럼 살자니 감당할 길이 없습니다. 그는 친형제들에게 인신매매 당하여 끔찍한 노예살이를 했고, 보디발의 아내 때문에 억울한 누명을 쓰고 감옥에 갇혀야 했습니다. 술 맡은 관원장을 만나 희망이 보이나 했더니 헌신짝처럼 버려져 잊히고 말았습니다. 요셉은 인생의 쓴 뿌리를 맛보고 혼자 모든 고통과 슬픔을 짊어져야 했습니다. 누구에게 이해받을 수 있었겠습니까? 하나님 없이는 살 수 없었던 요셉입니다.

요셉은 애굽의 총리가 되기를 꿈꾼 적도 없고, 유명 인사가 되길 원한 적도 없습니다. 한결같이 하나님만 바라보며 살았습니다. 낮고 천한 대접을 받을 때나 존귀한 자로 높임을 받을 때도 하나님만 바라봤습니다.

그는 "애굽 땅에서 온의 제사장 보디베라의 딸 아스낫"(창 46:20)과 결혼하여 애굽 제사장의 사위가 됩니다. 보디베라는 '신이 보낸 사람, 태양신 라가 주신 사람'이란 뜻입니다. 태양신 라(Ra)는 이집트 신들 중에 가장 강한 신입니다. 그 신을 섬기는 제사장의 딸과 결혼하다니…. 우리나라로 치면 요셉이 조계종 주지스님의 딸과 결혼한 것입니다. 작두를 타는 최고 무당의 딸과 결혼한 셈입니다.

요셉이 더욱 대단하게 느껴지는 것은 자기 신앙을 지키기에 급급한 사람이 아니었기 때문입니다. 그는 자기를 필요로 하는 사람을 돌아볼 줄 알았을 뿐만 아니라 자신의 신앙을 후대에 물려줄 줄도 알았습니다.

사람은 자기가 가장 가치 있게 여기는 것을 자손에게 물려주게 마련입니다. 물질을 귀하게 여기는 사람은 물질을, 신앙을 가치로 여기는 사람은 신앙을 물려줍니다. 아브라함이 이삭에게, 이삭이 야곱에게 신앙을 물려주었듯이 요셉은 에브라임과 므낫세에게 하나님에 관해 가르쳤습니다. 그는 무엇이 중요한지를 아는 사람이었습니다.

그의 삶을 들여다보면 인생에서 마인드가 얼마나 중요한지를 알 수 있습니다. 요셉만큼 고난받고, 요셉만큼 억울하고, 요셉만큼 바쁜 사람이 얼마나 있겠습니까? 그는 어떤 경우에도 남을 탓하거나 억울하다고, 힘들고 바쁘다고 핑계 대지 않았습니다. 아무리 처참한 지경에 내몰려도 무너지지 않았습니다. 하나님 앞에서 자신이 가야 할 길을 묵묵히 갔을 뿐입니다. 결국, 인생은 폭풍처럼 몰아치는 고난 때문이 아니라 마인드의 변질로 무너진다는 것을 알 수 있습니다.

야곱이 애굽에 내려와 요셉의 두 아들인 에브라임과 므낫세를 아들로 삼고 장자의 축복을 해줍니다. 에브라임과 므낫세가 히브리인 같지 않고 완전히 애굽 사람 같았다면, 그래도 그들에게 장자권을 주었을까요? 히브리말도 못했다면 열두 지파에 속할 수 있었을까요? 모르긴 몰라도 히브리말도 못하는 천상 애굽 사람이었다면 장자권은커녕 이스라엘에 속하지도 못했을 것입니다.

요셉이 자녀에게 히브리말을 가르치고 하나님에 대해 가르칠 때 그를 팔아넘겼던 형들과 그리운 아버지 야곱과 동생 베냐민을 다시 만날 줄 알았을까요? 만나기 위해 1년, 2년 계획을 세웠을까요? 가나안으로 여행 한 번 다녀와 볼까 했을까요? 아닙니다. 애굽과 온 땅을 덮친 기근을 해결하느라 눈코 뜰 새 없었습니다.

요셉은 인생을 하루씩 살았습니다. 보디발의 집에서도 감옥에서도 심지어 애굽의 궁정에서도 하루하루 성실하게 살았습니다. 하루치 고통을 견뎠고, 하루만큼의 전쟁을 치렀습니다,

우리 신앙의 싸움은 하루를 어떻게 사느냐에 달렸습니다. 과거는 주님께 맡기고, 미래는 주의 손에 있음을 믿어야 합니다. 하루를 잘 살아내면 승리한 것입니다. 사탄은 알고 있습니다. 당신의 하루만 망치면 된다는 것을…. 그러면 인생이 무너진다는 것을 알고 있습니다. 그러니

하루 동안 내가 할 수 있는 것을 하겠다는 다짐을 해야 합니다.

요셉은 하루를 사는 데 성공한 사람입니다. 과연 내 삶에 희망이란 게 있을까 하고 의심된다면 요셉을 보십시오. 그가 자신의 삶을 통해 하나님의 사람은 어떤 상황에도 괜찮다고, 망하지 않는다고 말해 주고 있습니다. 설령 바닥을 친다 해도 추락하여 끝난 것이 아니요 높이 날아오를 지름길에 들어섰음을 보여 줍니다.

성경은 이것이 성도의 길이라고 우리에게 가르칩니다. 이것이 명예로운 길이라고 제시합니다. 야곱과 요셉처럼 사십시오. 누군가 당신의 삶을 바라보며 살아갈 힘을 얻는다면, 당신은 하나님 앞에 성공한 사람이요 하나님 나라의 스타입니다. 그러나 이 땅에서 아무리 성공하고 유명할지라도 자기 인생에서 땅의 것밖에는 보일 게 없는 사람이라면 하나님 앞에서 실패자에 불과합니다.

지금까지 창세기를 통해서 믿음의 선진의 삶을 들여다봤습니다. 인생은 절대 만만치 않습니다. 아브라함, 이삭, 야곱, 요셉과 형제들의 삶이 재미있는 성경 이야기로 끝나지 않도록 기도하십시오. 아브라함, 이삭, 야곱, 요셉이 필요한 시대입니다.

하나님이 원하시는 선한 방향으로 삶의 돛을 펼치십시오. 다른 사람들이 당신의 삶을 통해 하나님과 본향을 바라보고 하나님의 영광을 발견할 수 있도록 성실하게 살아 내십시오. 그것이 하나님 나라의 통로가 되는 길입니다. 부디 믿음의 길을 끝까지 걷는 하나님의 사람이 되십시오.